印度瑜伽實修精要

精通冥想與調息的關鍵

斯瓦米韋達・帕若堤——著
Swami Veda Bharati

石 宏——譯

譯者前言

本書的講述者斯瓦米韋達曾說過一段自己親身經歷的事。當年，他跟在上師斯瓦米拉瑪身邊，一日在院中上師呼他過去，說：「孩子，你有沒有聽過一個故事？」然後就講了一個故事給他聽。第二日他遇見上師，上師又把這個故事再對他說一遍。到第三日，上師又跟他說同一個故事，斯瓦米韋達說：「上師，這個故事我聽您說過了。」上師說：「不，不，不，你沒聽過！」又把這個故事講了一遍，連故事裡面用的字語，說的語氣腔調都完全一樣。如此連續了幾天下來，斯瓦米韋達開始反思，上師為何要這麼做，他究竟想要告訴我什麼？忽然，他想通了。到了隔天，他再遇見斯瓦米拉瑪時，上師就不再拉住他講這個故事了。

讀者在讀這本書的時候，可能會發現裡面某些講準備功夫的部分，和斯瓦米韋達的其他著作（乃至於本書）中，是有所重複。斯瓦米韋達在講述的時候，不會因為以前講過了就略過不提，原因就和前述的故事有關。其次，他也一再重複提醒學生，所謂功夫到了「熟練」或「精通」的地步，是要能略過準備的功夫，隨時直接進入這個階段的境地，隨心所欲停留在其中而不被打斷，也可以帶學生進入自己所到達的這個境地，才算是真正熟練，唯有到了這個地步，才能夠開始修練下一個階段的功夫。斯瓦米韋達提過，上師教了他一套功法，他可以三十幾年如一日，重複又重複地練下去。他問大家，如今有幾人能夠做到，不會覺得不耐煩，不會急著想再去練些別的、更高深的功夫？他說，所謂高深，就是把原有的功夫做得更細緻。

收集在這本書裡的，主要是斯瓦米韋達關於冥想和呼吸覺知的授課紀錄，不論是原文還是譯文都從來沒有發表或出版過。特別需要一提的是在冥想的章節中，有一篇是〈三堂融合各個門派的冥想之道〉，他先是引領學生做一段冥想，然後花了很長的時間，把剛才做過的一氣呵成的冥想逐段拆解開來，才知道是融合了許多門派的冥想手法，但又並非是「勉強拼湊」。他的用意是在展現，所有的冥想法門都不出喜馬拉雅傳承的冥想，也希望大家能放下門戶之見。他畢生所服膺、所證悟的道理是「法法平等，大道同源」。走在冥想途上的朋友，不論您是屬於哪個門派、哪個宗教，乃至於不冥想之人，細讀此文應該都能有不同程度的心領神會才是。

本書另一個特殊的章節，是〈奧義書中的冥想法門〉。《奧義書》所傳載的是屬於印度六派哲學之一「吠檀多」的哲理。斯瓦米韋達說過，一般都把吠檀多當作是種哲學的理論而已，印度本土如此，國際間更是如此，甚少人會傳授如何依吠檀多從事修行。斯瓦米韋達在本篇中帶領大家從事的是如何結合「搜—瀚（so-ham）」咒語去觀想及實踐吠檀多極致的「不二論」。在說明中更透露了一個秘密：所有吠檀多的冥想最終都歸總到〈蓋亞曲神咒〉及如何濃縮成為「om」字咒，成為終極的咒音。你如何能錯過本文？

譯者在此需要提醒讀者，斯瓦米韋達歷年來關於冥想的教導不計其數。例如，他曾就佛教的冥想、基督教的冥想、吠檀多的冥想都開過專門的課程，此外還講過各個脈輪的冥想、昆達里尼冥想，以及密法室利毗底亞冥想等等，本書所收集的冥想只能算是給讀者提供一個小小的樣本。

關於呼吸、調息法門，斯瓦米韋達說過，調息法對於冥想至關重要。他所傳授的喜馬拉雅傳承的冥想法，對於初學者就是以呼吸做為下手處。本書收集了他早年講述呼吸和調息的零星片段，有些部分在文字上可能會顯得散漫。這是因為呼吸法門講究實修，學習上是要跟從老師的現場指導去練，在沒有錄影的時代，只留下了簡要的說明。而一小段文字，在現場可能要用上很長的時間去練習及體會，這個部分無法用文字具體表達。

此外，斯瓦米韋達到了晚年後，幾乎不再帶領學生做那些屬於「技巧」型的練習，這方面的教學都留給他的學生輩去代勞了。本書希望做到的是盡量保存他曾經留下的文字紀錄。他說過，將來自然會有人來教授這方面的功夫。

本書最後一個章節是〈啟引前後的準備和修練重點〉。喜馬拉雅傳承是一個啟引的傳承，傳承的延續就在師徒之間的啟引，而門人和傳承的聯繫所在就是啟引時所授予的個人咒語。斯瓦米韋達在他圓寂的前一年，忍著老病不勘的殘身，打破靜默的外相，特地召開了一場研習會，其中他親自講述的部分，主要就是對啟引前後究竟該如何準備、如何習練，做一個完整的交代，並且希望學生們能相互扶持，糾正彼此的錯誤，成為對方的「善知識」（kalyāṇa-mitra），也就是這一次研習會的名稱。斯瓦米韋達將 kalyāṇa-mitra 翻譯為「高貴的朋友」（noble friend）。願我們在修行的道途上能成為彼此的貴友，也能不斷逢遇貴人扶持。

目次

part 1 冥想的奧祕與實作

part 2

調息的精要與實作

part 1

冥想的奧祕與實作

1

認識冥想

——斯瓦米韋達，一九九八年講於紐約

我看見有很多人試著去做各種各樣的呼吸法，卻沒有先學會正確的呼吸方式。正確的呼吸方式是橫隔膜式的呼吸法，只要照著一些非常簡單的步驟去做就可以學會，任何訓練有素的老師都可以教你。只有學會了正確的呼吸方式，你才能正確地進入冥想，不會有太多的心念干擾。我發現，很多人雖然練習瑜伽多年，卻沒有學會正確的冥想坐姿及呼吸方式，因為大多數人把瑜伽當作一種體操運動。在我們的傳承裡，哈達瑜伽是做為冥想的一個部分來練習的。

這裡有很多新來的朋友，今天我們要繼續介紹冥想。坐在地上的人，請試著將脊椎保持正直。如果你還沒有受過如何在地面盤腿端坐的訓練，會發現不容易做到將脊椎打直，那麼我建議你不如坐在椅子上。與其坐在地上讓脊椎難受，你不如舒服地坐在椅子上。不過，你坐在椅子上冥想時，注意背部不要彎。如果能坐在椅子的前緣的話，背就容易直立。

你們自己試試看，慢慢調整坐的位置。如果脊椎彎了，就無法冥想。你們可以自己或者請旁人去摸自己的背脊，如果能摸到脊椎骨的話，尤其是在背脊中段部分，就表示你還沒有坐到正直，還需要改進。但是，你要慢慢來，不可能期待一天就做到。所謂正確的脊椎形狀，並不是如一條直線，而是有些微的彎曲，有如一個字母S的形狀。你可以去看人體骨骼構造模型，就會明白了。你要慢慢去試著讓自己的脊椎打直，到那一天，你會覺得坐的時候，背要正直才舒服，而你窩著坐在沙發中反而會不舒服，就會想要坐在地上。

我在用電腦的時候都是坐在地上，我有一張矮桌，我就盤腿坐在桌前用電腦，時間再長也不會血液循環不良，腿絕不會麻。當然，這需要稍微訓練如何把腿擺好，不會壓迫到供血的動脈。這些都是非常簡單的技巧，簡單，可是有用。

好，現在請那些坐在地上無法輕鬆保持背脊正直的人，找一張椅子坐下來，你會舒服許多，也才能夠專注。注意，如果椅面是向後傾斜的話，一定要坐在椅子的前緣，否則你的背就自然會彎曲。坐在椅子上，雙腳稍微分開平放，與地面穩定接觸。將雙手輕輕放在大腿或是膝蓋上。手肘微微靠近身體，手肘放鬆。背脊打直，微微呈現S形，但不會凸顯背脊骨。

請現場工作人員將燈光調暗，拉上窗簾。靜坐冥想的房間中的光線應該要非常暗，不要受外面的光線影響，窗簾最好是深藍色或是近似的顏色。我給大家一點時間調整，然後開始帶領冥想。

冥想導引

調整好身體姿勢之後，輕輕閉上眼睛，保持背脊正直，身體的其他部分放鬆。

把注意力帶到你現在所坐的地方。覺知你身體從頭到腳所占據的空間。覺知此時此地。

把心頭所有的皺紋撫平，放鬆你的額頭。放鬆你的眉毛。放鬆你的眼睛。放鬆你的鼻孔。放鬆你的面頰。放鬆你的牙關。放鬆你的嘴角。放鬆你的下巴。

你的背脊和頸部保持正直。放鬆你的肩膀。放鬆你的肩關節。讓肩膀下垂，放鬆肩關節。放鬆你的上臂。放鬆你的手肘。放鬆你的前臂。放鬆你的手腕。放鬆你的手。放鬆你的手指和指尖。

放鬆你的指尖。放鬆你的手指關節。放鬆你的手。放鬆你的手腕。放鬆你的前臂。放鬆你的手肘。放鬆你的上臂。放鬆你的肩關節。放鬆你的肩膀。放鬆你的胸部。放鬆你的心窩部位。放鬆你的胃部。放鬆你的肚臍部位。放鬆你的小腹部位。放鬆你的髖關節。放鬆你的大腿。放鬆你的膝蓋。放鬆你的小腿肌肉。放鬆你的腳踝。放鬆你的腳和腳趾。

放鬆你的腳。放鬆你的腳踝。放鬆你的小腿肌肉。放鬆你的膝蓋。放鬆你的大腿。放鬆你的髖關節。放鬆你的小腹部位。放鬆你的肚臍部位。放鬆你的胃部。放鬆你的心窩部位。放鬆你的胸部。放鬆你的肩膀。放鬆你的肩關節。放鬆你的上臂。放鬆你的手肘。放鬆你的前臂。放鬆你的手腕。放鬆你的手。

放鬆你的手指和指尖。放鬆你的指尖。放鬆你的手指關節。放鬆你的手。放鬆你的手腕。放鬆你的前臂。放鬆你的手肘。放鬆你的上臂。放鬆你的肩關節。放鬆你的肩膀。放鬆你的牙關。放鬆你的嘴角。放鬆你的面頰、鼻孔、眼睛、眉毛。放鬆你的額頭。

把覺知輕輕放在你的呼吸上。呼吸時，好像你的整個身體在呼吸，好像你的呼吸是由頭頂流到雙腿到腳趾，再由雙腳流回到你的頭頂。感覺氣的能量流布全身。吐氣，吸氣。輕柔、緩慢、平順地呼吸，好像你的整個身體在呼吸。觀察氣能量是在脈動著，它在上升和下降。

觀察你的胃部和肚臍區域是如何輕微低起伏。觀察在你吸氣的時候，那個區域如何微微凸起，在你呼氣的時候如何微微收縮。觀察那個區域如何隨著你呼吸的輕柔節奏在起伏。你的呼吸不急促，沒有停頓。輕柔、緩慢、平順地呼吸。

現在，感覺呼吸在鼻孔中流動和接觸的情形。呼氣的時候，想像是呼出所有的負面想法、所有的緊張、所有的焦慮。感覺呼出溫暖的氣息。吸氣時，感覺吸入清涼的氣息，吸入正面的想法、充滿了愛和愉悅。

呼吸不急促，沒有停頓。讓呼吸變得非常平順。感覺呼吸在鼻孔中流動和接觸的情形。讓你的呼氣和吸氣之間不要有停頓。當你呼到盡頭時，立即開始覺知吸氣。當你吸到盡頭時，就開始覺知呼氣。這一呼一吸之間，不要停頓。

你在呼氣的時候，心中想著「瀚——」這個字音。吸氣的時候，心中想著「搜——」這個字音。吸氣「搜——」，呼氣「瀚——」。繼續感覺呼吸在鼻孔中流動和接觸的情形。「搜」與「瀚」之間沒有停頓。觀察呼吸、心念、字音三者如何形成同一股流體。繼續觀察這股流體。繼續保持「搜」與「瀚」。

現在，不要打斷這股流體，輕輕以手掌罩住雙眼。保持對流體的覺知，在掌中睜開眼睛。將雙手放下，但是繼續覺知那股流體。

我稽首合十當胸。以我心中所有的愛，以我手中所有行為之力，以我頭中所有的思想，我向神明致候，我向各位內在的神性頂禮。

Om Namo Nārāyaṇāya（嗡，稽首那羅延）。❶ 向各位獻上喜馬拉雅傳承的愛。

願神祝福大家。

請繼續保持背脊正直，繼續保持身心放鬆。即使張開眼，繼續保持覺知呼吸在鼻中流動。保持「搜」與「瀚」。

✿

我問大家一個問題：我們這個地方和你家之間的距離有多遠？我希望你能夠學會用自己呼吸的次數來表達，而不是用時間或公里數來表達。我常常要求來聽我講課的人在下課回家的路上持續觀察自己的呼吸，計算一共用了多少次呼吸。到了第二天，我問大家，你家距離這裡有多遠，幾乎沒有人記得去數呼吸。又例如，我在課堂上告訴大家，回去要多多利用任何的空檔時間去做兩、三分鐘的簡短冥想，可是第二天一問，通常只有不到百分之二十的人記得去做。我常感嘆，如今的人無論聽到了什麼道理，學會了什麼方法，好像一出教室門就通通拋了下來。

這使我想到一個故事，主角是一位經營米鋪的商人，每逢城裡有師父開壇說法，他一定會去參加聽講。有一回，他剛巧有另一件事需要處理而無法參加，就要兒子代表他出席聽講。年輕人去了，非常專心地聽，回來後，父親發現兒子在看店的時候，居然任由街上漫遊的牛羊來吃店裡的米麥和豆子。父親非常生氣地對兒子說：「這些牛在吃我們的東西！你沒看見嗎？為什麼不把牠們趕走！」兒子說：「爸，我看見了。你昨天讓我去聽講，師父教我們對一切生靈都要有慈悲心，人家需要食物就應該布施。我有認真聽講，所以才不把牛趕走。」父親說：「你給我聽好，如果我跟你一樣的話，早就破產了！下回你去聽師父講課，你要先把自己的披肩攤開來，把師父所講的道理都攤在披肩上，然後當法會結束，你要離開前，把披肩拿起來抖乾淨，說，謝謝，請把您的大道理留下來！」

所以我想，這也是我去各地講課的寫照。或許我不應該起分別心，不應該在乎聽眾是否有把學到的道理付諸實行。可是，連聖人威亞薩（Vyāsa）在史詩《摩訶波羅多》（*Mahābhārata*）中都忍不住寫道：「法，才能解決所有的問題和苦痛！我高舉雙手對你們喊叫。你們為什麼不能如法而行！」可是言者諄諄而聽者藐藐。我知道很多人會付高昂的費用尋求心理諮詢來解決人生的矛盾，來我們這裡聽講可是廉價的諮詢，也許這就是為什麼大家不肯照著去做的原因吧。對不起，我無意貶損各位，只是在提醒大家記住要去用你學到的東西。

下面我繼續談一些想法和建議。在很多印度人的家中都會有一個神壇。在印度的商店中，也常常會見到店主在某一個角落設了神壇。你坐進印度的出租車中，會見到司機在儀表板上方擺著或者在後視鏡下面掛著神明的肖像，這在亞洲其他許多地方都有類似的習俗。你說你沒有宗教信仰，不需要神壇。但這是一種心靈的慰藉，不必用宗教的觀點來看它，不一定是神壇。

譬如說，你家中有廚房和餐廳，是用來滋養身體的處所。浴室，是用來清潔身體的處所。寢室，是用來給身體休息的處所。這些都是為了身體而有的設置。可是你不是只有身體，你生命更基本的要件是心。如果你失去了心，還剩下什麼？你家中有用來滋養心靈的地方嗎？你家中有地方讓你的心靈得到淨化，得到休息嗎？這樣一個地方需要用到多少空間？也許一公尺平方的空間就夠了，不需要大到像你的浴室、廚房、寢室。

你不需要為心靈烹煮食物，不需要鋪一張床，只需要一張軟硬適中的坐墊，也許鋪一張小小的地毯，只要你能夠穩定坐在上面就行了。用我們教你的方法去坐。你把這裡當作你安詳的哨塔，當作你靜止的城堡。每天至少要光臨這個地方一次。你是否有宗教信仰根本不是重點。當然，你有宗教信仰的話，可以擺一個自己信奉的神像或是其他的象徵物件。你可以燃香，如果你相信燃香的話，否則就絕對不要燃香。你想要點燈或燭火的話，就點燈火，否則就不用麻煩。這些都是外在的方便而已。其實，我常發現，無神論的人往往比有宗教信仰的人更能進入冥想，因為他們沒有這些信仰的包袱，他們就只管去坐。

在坐的過程中，你會來到一個境地，寧靜會慢慢滲入到你的心識中，特別是在帶人做大休息式的時候。唉，如今的人都不懂怎麼做大休息式。光是躺下來，並不是大休息式！至少有二十九個循序漸進的觀想功法，是在大休息的式子中做的。到了第六或第七個功法就可以把你帶入「瑜伽睡眠」的境地。由此，就到了一個分岔處，可以選擇進入三摩地，或者可以選擇獲取那些由進入「氣身層」和「細微身」得來的益處。

無論你是在大休息的式子中，還是在冥想的坐姿中，你會知道自己已經來到某一個地步，有幾個不同的動態同時在進行中，你心識的表層仍然有干擾的念頭在活動，然而，在深層地方，心識之流開始在緩慢地流動。就像是一條江河的表面受到強風吹襲而起伏不定，然而江河的底層卻是一道平順的直流。也就像是海洋的表面會有風浪，然而海面之下卻是無風無浪，是個寧靜的世界。

●潛到寧靜的深處

很多人常問，在打坐的時候為什麼心念老是起伏不定，該如何對應？我反問，潛水員如何對應風浪？他只需要潛入到沒有風浪的地方就行了。我們的心就像是個深到無底的海洋，有著許多層面、許多不同深度，一個接著一個，直到最內裡的「布提」（buddhi），此處剛剛接近到「本我」（puruṣa）之理，接近到「希瓦」（śiva）之理，接近到「那羅延」之理。非常接近。

當你在靜坐的時候，不需要去理會那些干擾的雜念，因為你也無法處理它們。那些雜念會冒出來，是因為你給自己的心養成了會有那些雜念的習慣。譬如，你每天只靜坐五分鐘，你不在靜坐的那二十三個小時五十五分鐘裡，就是在形成心的習慣。所以，當你閉起眼睛要靜坐的那五分鐘，心仍然會照著它的習慣去做。因此，我們教人去到內在深處，不要去理會那些雜念，任由它們起了又滅了。它們會不斷地來到，直到你所有的業都清償完畢為止。在靜坐中所起的那些雜念，是你還沒有清償乾淨的業。

以我個人而言，到目前已經冥想六十年，其中包括了我拜在上師斯瓦米拉瑪門下的二十八年。我冥想時，也會起一些來自外在的念頭。我起的是什麼樣的念頭？

那跟你們會起的念頭可能不一樣。我會想到，被我所啟引的那個人，他此刻是否在冥想？要是動了這個念頭，我會起身打電話給對方。前幾天，有一對在西班牙的夫妻因為嚴重失和而打長途電話向我求教，我讓他們兩人一起靜坐，一同呼吸。我坐下來時會想到，此時不知道這對夫妻是否已經修好。我會起像這樣的細微念頭。還有，我會接收到如何規畫人生的念頭、該如何經營好禪修中心、對某一個外地的禪修中心該給什麼樣特殊的指引，等等。這些固然都是為他人著想的念頭，不過終歸是在起念，一直要到我的使命都了了，才會停止。

所以，你不用去理會你起的雜念，只管往內在深處去，享受在那個深處之樂。潛水員從船上跳入海中潛到大約三公尺的深處，就已經是沒有風浪的地方，如果他往上望，就可以看到剛才所乘之船的船底仍然是在隨著浪潮起伏，但是他此時完全感覺不到任何波動。

漸漸地，當你的心開始清澄，它變得靜止。它也許就只靜止了兩、三秒鐘，但是在那兩、三秒之間卻是經歷了整個永恆。永恆就在那兩、三秒間。那幾秒鐘是進入永恆（ananta）之門。要抓住它、把握它。把門拓寬。讓它維持五秒鐘。不過，一旦你開始數它持續了幾秒鐘的話，永恆就消失了。你就只管去到那裡，停留在那裡。你現在就只管朝這個方向前進，直到接收傳承的啟引，領到自己的咒語，那時候就可以學習接下來更深一層的功夫。

我在明尼蘇達的禪修中心有個「不好」的名聲，原本不信神的人來了六個月以後開始信神了，但我從來沒有針對「神」這個題目講過課。你必須要明白，沒有人可以用爭論來證明神是否存在。事實上，爭論根本無法證明任何事情，因為每一個論點必然會有一個反面論點。譬如說，你去讀英國人寫的印度史和印度人寫的印度史，就會得到截然不同的印象，印度人認為的一八五七年民族起義事件，被英國人視為是叛亂。你只會陷入無止境的正方和反方的對立爭論，而到頭來沒有人會同意對方的觀點。法國人寫的英國史是一回事，英國人寫的法國史又是一回事。彼此的立場和觀點完全不同，所得出來的結論自然不同。從自己所站的角度去看東西，自然會和別人從另一個角度所看見的東西有所不同，所以不能絕對地說誰是誰非。你明白我的意思嗎？

所以你無法去證明神存在，也無法證明神不存在。然而，當你在冥想時，有某一個剎那，你的意識、覺知力，不再侷限於你的身體。你進入一個靜止的狀態，似乎被天使的羽翼拂過，那是一個特殊的境地。這有可能是上師的加持，但我們先不談這個。你經歷了那個狀態，自問：「剛才是怎麼回事？我感覺不到身體，但又不是處於無意識狀態。」此刻，當你說你是有意識的，你所意識到的是你的身體，你以為自己就只是這個身體，所以你時刻都在畏懼死亡的來到，乃至於忌諱提到死亡。何必如此？根本沒有所謂死亡這回事，它是個虛構的事，它只存在於你的迷思中，因為你以為自己只是一個身體。

你去讀《薄伽梵歌》，裡面就提到 deha 和 dehin 的不同。deha 是「身體」，dehin 是「身主」，身體的擁有者。誰是身主？有的人說是「我的靈魂」，這樣的用語根本不合邏輯，無法成立。譬如我說「我的披肩」，這裡面就有兩個個體，「我」是一個，「披肩」是另一個，意思是「我是披肩的擁有者」，「我的」在語意上是表示所有。我可以說「我的披肩」，披肩可不能說「我的擁有者」，否則豈不是披肩擁有我？所以當你說「我的靈魂」，是誰在說？是誰擁有靈魂？這個表述無法成立。你該說，「我是靈魂」，「我擁有身體」。身體是我的 deha。我是 dehin，是身體的擁有者。deha 這個字的本義是「塗抹物」，所以身體是塗抹在心識外表的東西，而心識則是靈魂的塗抹物。

因此，當你在冥想之際，哪怕只有一秒鐘的時間，你意識不到身體的存在，也不是處於無意識狀態，在那個剎那是絕對的安寧和靜止，沒有恐懼憂慮，沒有抑鬱也沒有狂喜。那是個美妙的境地。

印度有一個非常有名的佛教遺址：阿旃陀石窟（Ajanta Caves），是在石壁上雕鑿出來的寺院，融合了建築和雕刻的藝術。其中有一尊佛的雕像，如果光線從佛像的左邊打過來，佛像的表情是憂鬱的；如果光線從右邊打過來，表情則是喜樂的；光線由正面照過去的話，佛像是呈現寂然的相貌，絕對的寂然，無憂無喜的中道。你經驗到那個寂然的境地，不知道那是個什麼意識狀態。你問我：「斯瓦米韋達，那是神嗎？」我怎麼知道，你不是無神論者嗎？那就叫它「X」吧。你不必稱它是神，或是其他名字。你稱它什麼都可以。它，其實是無名的。古籍告訴我們，「智者捨名相而抵神境。」

●固定的冥想時間

所以你要練習靜坐冥想的話，我的建議是，首先，你要選一個固定的地方去靜坐。其次，對很多人而言很困難，卻是靜坐要進步的一個祕訣，就是必須在一個固定的時間上座。要在同樣的地方、同樣的時間去靜坐。這就像是跟神、跟傳承約定時地會面，你必須要赴會。時間久了，你一整天二十四小時都會以進入那個寧靜祥和的時段為中心，會老是惦記著、想要重回那個時段。

然後，在你忙碌的一天當中，要多找空檔時間每次做個兩、三分鐘，乃至於一分鐘的簡短冥想，去覺知自己的呼吸。你們在工作、會議期間，都會有所謂的茶水時間，去倒杯咖啡、喝口茶，休息片刻。我要建議你做的，也是多多去做這樣的呼吸時間，這是除了上述固定時地靜坐之外的短暫冥想時刻，在任何時間、任何地點都可以做，坐著、站著，等開會、等巴士，乃至等紅燈過馬路的時間，都是可以利用的時機。

這其中，固定時間的冥想尤其重要。當時間、空間、心念都交融在一起了，不出幾個月你就會見到功效，時間到了你就會想要上座，你內在會有個訊號提醒你。你問，固定時間為什麼重要？我告訴你一個故事，這個故事在我們傳承中很多人都知道，成為一個笑談。斯瓦米韋達就是這個故事中的人物。

我的上師斯瓦米拉瑪在一九七〇年初給我做了「日學啟引」（Sūrya Vijñāna Dīkṣā），這是個非常殊勝的啟引，恕我無法為你們描述那究竟是什麼。此後我就不斷地去煩他，「斯瓦米吉，我想要讓我的冥想去到更深一層，能否讓我坐在你身邊冥想？」他總是說：「行，行，行。我會給你安排時間。」於是他交代我每天都要在某個時間上座。可是我還是不斷去煩他，要求他給我時間去他身邊靜坐。他總是不給我那個機會。

斯瓦米拉瑪在那段期間經常去美國堪薩斯州的曼寧哲基金會（Menninger Foundation），在那裡的實驗室讓科學家為他從事各種測試，這些實驗的紀錄在很多書籍和期刊中都有記載。

有一天晚上，我在美國北方明尼蘇達州任教的大學上完一堂夜間的課，回到家中吃了晚餐之後，已經快到我該上座冥想的時間了，我想趁著還有幾分鐘先看看今天的報紙。於是，我坐在沙發上開始讀報。此時，斯瓦米拉瑪正在美國南方為實驗室那邊的一群科學家上課。

據當時在場的人說，斯瓦米拉瑪在教課時忽然轉頭對他的助理說：「我需要打一個電話。」大家都很訝異，問他是什麼緊急事件。他說：「我有一名不才的弟子在明尼蘇達州，他老是纏著要跟我約時間冥想，我給了他冥想的時間，但他卻坐著讀報紙。」

我家中的電話響了，我立刻知道一定是他打來的。我接起電話，向他請安。他劈頭就說：「你在讀報嗎？有什麼大新聞？」我回答：「沒有，斯瓦米吉。」然後他說：「你跟我約時間冥想，我既然給了你時間，就會赴約。到那個時間，你就是坐在我面前冥想，我會留心到你。」

這是個很多人無法了解的神祕，他們會用什麼超感、特異功能之類的字眼來形容。但這可不是特異功能，而應該叫做「上師恩」（guru kṛpā），是喜馬拉雅傳承在你冥想時來到你心中。你要明白這個道理，和恩典約定了時間就要赴約，不要爽約。而那也正是冥想能進步的一個祕密，不需要任何特殊的技巧，你只需要到場。

有人說，可是我是護士，或者我是空服員，或者我經常需要出差旅行，要如何在固定的時間在固定的地方上座？我的答案是，就算你身在飛機上，到了時間，如果環境允許的話，就把眼睛閉上。

我自己也需要經常到處飛，我的冥想有一半是坐在機場候機室的椅子上練出來的。那是最好的地方，沒人認得你，沒人來打攪你。我一向都會提早到達機場，辦完登機手續之後，就找個地方坐下來，旁人以為我在打盹，不會覺得我舉止怪異。

從紐約去舊金山的飛行時間有五個小時，對於冥想者而言，真是夫復何求。窗外的景色是你早就看過也看厭了。你有五個小時的喜樂時間，可以冥想五個小時不受打攪，何愁沒有時間？

你有大把的時間去冥想。你唯一需要的是「轉向心」（nivṛtti）。你唯一需要的是決定你人生的樂趣究竟為何。你人生的目的是什麼？人生的意義何在？是為了什麼？人來到這個世上，首先是消自己的業債，其次是不再造新的業債，同時要就在此生得到開悟解脫。這是完全有可能的。無論你是在家人或是出家人都無關緊要，都可以在此生成就。唯一需要的是能有那個轉變方向的心念。唯一要問的是，你能否發這個心，起這個意。

好的，一旦你開始冥想，冥想自己就會引導你。當你準備好了，可以進入下一個階段的冥想時，就會有人出現來指導你。只要你認真地走上這條路，就會遇見嚮導，不可能會找不到老師，不可能！

可是，如果你的身見太重，以為自己就只是這個身體，就會被這個色身所困，那你就必須破除這個障礙。你必須要能經驗到自己不只是這個身體。你必須要經驗到那個絕對靜止的剎那，哪怕就只有那麼一次，你也會記住它。

這個身體不過是塵土所構成，是由夏克提之母（Mother Shakti）足上之塵（caraṇa dhūli）所構成。話說夏克提之母要沐浴，她取了腳上的塵土捏成個小象人，將生命之氣吹入它，就成了象頭神嘎內夏（Gaṇeśa，又譯迦尼薩），然後命嘎內夏在浴室外守門。另一個故事說，希瓦（Śiva，又譯濕婆）的配偶琶法提（Pārvatī，又譯帕爾瓦蒂）央求希瓦讓她有個兒子，於是希瓦就取了她的紗麗長袍捲成一個娃娃的身形，娃娃被琶法提抱在懷中時就有了生命，成為嘎內夏。所以我們的肉身，既是由塵土所構成，也是覆蓋的衣服。

可是你不是塵土，也不是衣服。你是波，是光波，來自宇宙的生命和光明之洋。這個大洋無時不在、無所不在，遍及十方一切宇宙銀河，遍及億萬億萬光年之外，超越了人類想像力的範圍。

你是那個生命與光明覺性之洋中的一個波，那個波被封裝了起來，成為一個能量的粒子並驅動了心力，心力生出了「氣」，氣的律動帶動身體內柔軟的組織起了同樣的韻律，窩藏在柔軟組織內的空氣隨之排出再吸入，有如鼓風的風箱。

是誰在操動風箱？是「氣」能量。「氣」又是什麼？它是參合了心念之力以及微妙的生機之力，後者既存在於「物」中，也超越了「物」，是那個覺性、那個純淨的生命能量之波，觸及了你的內在。這個波的來到，把律動帶給了你的身體、你的「氣」、你的心力。你要不斷地、不斷地藉由捕捉你的呼吸來捕捉那個波。

我們剛才一開始所做的短暫冥想，如果有人請你描述它，你是否講得出來？現在再帶你做一次，請稍等一下（斯瓦米韋達靜默了片刻）。

冥想導引

好，現在調整坐姿，坐直。

第一步。把你的注意力放在此刻所坐的地方。覺知身體所占據的空間。覺知你的整個身體，由頭頂到腳趾。輕輕閉上眼睛。很快地，放鬆你的額頭、下顎、肩膀，一直到你的手指尖。放鬆你的肩膀、胸部、胃部。保持脊柱到正直，但要放鬆肩膀。放鬆你的下顎。放鬆你的額頭。

把注意力放在你的呼吸上。感覺呼吸在鼻孔內流動和接觸的情形。輕柔、緩慢、勻稱地呼吸，沒有急促，沒有間斷。當你呼氣到盡頭時，要注意立即去感覺吸氣，然後呼氣。呼吸是連續地流動。

在心中決意，未來一分鐘不要起任何雜念，只是去覺知這股連續的呼吸之流，沒有中斷。現在開始。

（約一分鐘後）下決定自己要一而再、再而三地去享受這個境地。就這麼簡單。只需要一分鐘就可以進入。

現在我們來試第二步。再次回到你自己這邊。覺知你自己，由頭頂到腳趾。再次放鬆。放鬆你的額頭、下顎、肩膀。脊柱要打直，肩膀、下顎、額頭要放鬆。

再次將注意力放在你的呼吸上。感覺呼吸在你鼻孔中流動、接觸。吸氣時，心中想著「搜」這個字音，呼氣時想著「瀚」這個字音。「搜」與「瀚」之間沒有停頓，吸氣與呼氣之間也沒有停頓。

在心中決意，未來一分鐘內心沒有任何干擾雜念，只是去覺知呼吸以及「搜—瀚」。現在開始。

（約一分鐘後）現在，保持那個連續的心念之波，輕輕睜開眼睛。即使打開眼睛後，繼續讓那「搜—瀚」或是個人咒語的心念之波流動。

在你心中決意，要不斷地進入這個安詳寧靜、沒有對立的境地，直到它成為你自然的習慣狀態，能在任何時間、任何地方，隨意進入它。

上面只是一個簡單的初步示範，還可以加上一些其他步驟，但你先要把簡單的熟練。

譯註

❶ Om Namo Nārāyaṇāya 就是一句咒語，那羅延（Nārāyana）是神的名號之一。

2

打好冥想的根基

——斯瓦米韋達，講於一九九〇年

你們當中有些人已經練習打坐多年，覺得現在應該學習高深的功法，可是你們的根基還不夠穩固。市面上有各種各樣的宣傳，什麼在多少天之內喚醒昆達里尼之類的。你們大可以去試，看看能否喚醒昆達里尼。我們走的路是慢的，漸進的，是要融會許多不同的方面。

多年以來，我一直在談的其中一個主題是「情緒淨化」。有的人一坐能連續坐上幾個小時，可是心念不停地漂移到種種情緒以及內在的衝突情境，這是因為他們還沒有能夠淨化自己內在情緒的緣故，仍然會對各種情境起反應。

譬如說，有人用言語批評你、攻擊你，你會怎麼做？我不是問你是否會用言語文字回應，而是問你內心會怎麼處理。如果別人漠視你、拒絕你，你內心會有什麼樣的反應？你是否已經具有和煦（saumya）的人格特質，能夠不為所惱？

《瑜伽經》中有某些詞彙是要實踐在日常生活中的，像是「夜摩」（非暴、實語、非盜、梵行、非縱等戒律）、「尼夜摩」（清淨、知足、苦行、自習、奉神等善律）。每個人都會講非暴力，但是你的非暴力呢？你跟孩子說話的時候，是否能夠不帶有暴力的腔調？你跟下屬講話時的用語和腔調，是否與你跟上司、長輩講話時一樣？

還有「四梵住」的慈、悲、喜、捨心態，要慈祥，要對善人和不善的人都一視同仁，不會讓情緒暴發。這不是靠壓抑自己的情緒，而是自己已經自然如此。人家越是懷著敵意，你就越加發揚善意，因為遇到低谷，你就得製造出高山。要訓練自己能夠有這樣的心理素質。否則，我曾經見過有的人靜坐冥想多年，可是一遇到什麼狀況就炸開了，不停地辱罵詛咒，反應特別強烈。靜坐對此人有何用？

●吠檀多的法門——沉思

靜坐冥想是瑜伽的法門，吠檀多的法門則是沉思（contemplation），梵文是 vicāra，也就是參究。這兩條路終究需要融會在一起。

如何融會？你要花些時間去靜思某一個永恆的默理，這可能是一句「摩訶偈語」（mahāvākya），或者是取自經書中一段啟發人心的話語，由老師指定你去沉思、參究的。這不是指你的個人咒語，而是指你要去沉思其義理，去沉浸在那一句話中。到了某個地方，它和瑜伽的冥想會融會成一條道路。你必須同時走上這兩條路，花點時間做這個，花點時間做那個。

做沉思就自然會來到自我覺知、自我觀察、自我分析。根據《瑜伽經》，自我分析有四個步驟：**起意**（yatamāna）、**辨別**（vyatireka）、**一根**（ekendriya）、**自主**（vaśīkāra）。**起意**是開始階段。到目前為止，你所有的活動、家庭、工作、事業，都是在清償你的業債。然後，你人生中的那一刻來到，你可能正坐在一條溪邊，自問著，「人生這一切有何意義？是否還有什麼別的東西？」當你心中起了這樣的疑問，它變得越來越強烈，而且強烈到無法排除；有一天，你突然找到某一本書，或是在哪裡讀到什麼，解答就在裡面。你立即追下去，「我怎麼才能知道更多？我該去哪裡找？我要知道，我要知道，我要知道。我要知道這條路。」這是起意。

然後，當你在這條沉思的路上，在這條自我觀察的路上繼續前進，就到了第二個階段：**辨別**。在這個階段，你開始能正確地評估自己。「我已經能控制百分之五十的憤怒，還有百分之五十，我還需要努力。我原本嫉妒心很重，現在嫉妒心淡了很多，但是仍然有百分之二十。昨天我就對別人的成就有所嫉妒，那不是個好的念頭。」你要能夠如此地追蹤並分辨出自己的每一個念頭。要分辨每個念頭是屬於什麼念頭。你裡面有一個部分是負責行為的，一個部分負責思想，一個部分負責觀察，那就是「證者」（sākṣin），那就是負責觀察的部分，在見證。這個證者的部分又分很多層次，你們學習過這方面典籍的人，就知道證者分為哪些層次。

接下來是第三個階段：**一根**。到此之前，你縱容自己的各個感官（根）。現在你不再縱容那些感官，只剩下心根。心中仍然會有渴望，但是你不會縱容自己去滿足它。例如，你心中想做什麼，也有機會去做，但是你告訴自己不要去做，因為這只會打亂你追求更重要的目標。

當心完全受控了，就是**自主**，第四個階段，到此你對世間，乃至無形世界的一切都不再感興趣。佛陀說，貪著有兩種，「色愛」（rūpa-rāga）以及「無色愛」（a-rūpa-rāga）。色愛是對有形對象的貪著，無色愛是對無形對象的貪著。兩者中，對無形對象的貪著更為危險，例如對冥想中所起的聲、光幻境的貪著，對神通力量的貪著。

曾有人寫信給我，說他會大力支持我們的傳承，但是我必須要先為他展示一些神通。我回絕了他，「這不是我們的路子。」

我的上師跟我說過幾次，「讓我傳些『悉地』（即神通）給你。」

我回答說：「斯瓦米吉，我對悉地沒有興趣，請賜給我三摩地。」

如果你來我們此地，期待能見到什麼神通，對不起，我沒有。就算我有，我所尊奉的理念會說，把它藏起來。大多數人會受那些無形的聲、光、色引誘，那可是勝過世間有形的聲、光、色許多倍，可是對於走上純淨的冥想之道的人而言，那些都是無益的，是該放下的。所以，如果你來這裡是為了求那些，你會大失所望。我們唯一獲准展示的法力，是能夠讓你坐下冥想，教你走上靜止之道的法力。

吠檀多的法門有四個先決條件，其中一個條件就提到「對這個世界及另一個世界（例如天界）的種種享樂果報都能捨」（ihāmurtrārtha phala bhoga virāga），跟《瑜伽經》所言不謀而合。所以，這些不同的途徑到了某個地方就會融會在一起，這是我們必須要有的認識。

●高深功法的根基

至於所謂高深的功法。一九七〇年代，斯瓦米拉瑪在美國的時候，有一回我們接到通知，他將會在威斯康辛州某地教授高級冥想研習班。他在美國各地的弟子全都趕去參加，大家都很期待這個課程。第一堂課是在星期五的晚上，演講的大廳裡坐滿了人。斯瓦米拉瑪站上臺，滔滔不絕講了一個半小時，但他講的是「規律排便的重要性」，全部一個半小時都在講這個主題。他說：「如果你連這個都無法規律，你還能規律什麼？」所以，那是高級冥想的第一課，不是開玩笑的。

我們忽略了根基的重要性。我們都希望能有個人過來幫我們灌頂，然後我們立刻成佛。每個人都想過：「我打坐這麼多年了，好像從來沒有得過什麼不尋常的體驗。」斯瓦米拉瑪會問：「那你想要發生什麼樣的體驗，你說得上來嗎？」

所以我們該跨出一小步，就在那一小步中求進步，融會貫通它，一而再，再而三地重複去練。《瑜伽經》告訴我們：

> 然而，那需要長時間、無間斷、虔誠、如法，才能穩固。
>
> **sa tu dīrgha-kāla-nairantarya-satkārāsevito dṛḍha-bhūmiḥ**（I.14）

這句經文中的一個關鍵字是 **asevita**，意思是如法、遵從教導去做。《瑜伽經》和印度傳統醫學阿育吠陀很接近，**asevita** 這個字就是出自阿育吠陀，意思是遵從囑咐服藥。你服藥必須如法。修行除了如法之外，還需要長時間（**dīrgha-kāla**）、無間斷（**nairantarya**）、虔誠（**satkāra**）。虔誠是說，你要心存敬意，要有信心，要苦修。如此確實依照教導去練，然後基礎（**bhūmi**）才會穩固（**dṛḍha**）。

有很多人在練瑜伽的體式，但是有多少人能融會貫通體式？當你在眼鏡蛇的式子中，能否體驗到蛇所體驗到的？很多人打坐冥想時老是會動，姿勢無法穩定。第一件要注意的是我們所謂的「地基」（ādhāra）。禪坐的地基是什麼？就是像我現在這麼盤腿坐著身體的底盤。坐不住的第一個原因，是這個根基還沒有淨化的緣故。你們有些人知道我的身體非常不好，但是一旦我坐下來跟大家講話，可以這樣坐著講上一整晚。我的身軀可能會動，但是這個地基不會動，會保持這個姿勢。我的身體可以前傾、後仰、轉動，無論我做什麼，這個地基是不動的。有人以為我一定是有一套練腿的功法。我沒有，我甚至從來都沒做過你們理解的那些哈達瑜伽的體式。

我的祕密在哪裡？都是上師打出來的。我的坐姿穩定是上師打出來的？其實不關坐姿的事，而是情緒的穩定。你無法激怒我。如果你對我怒罵，我不會以憤怒回應，那就是我坐姿悉地的祕密。大家都不去注意這個道理。你的情緒會造成體式的不穩定，你的體式永遠不會穩定。我要知道某人是否能夠冥想，我就只看他的坐姿如何就有數了。

有一回，斯瓦米拉瑪受邀到某大學擔任瑜伽博士學位的口試委員。斯瓦米拉瑪問候選人：「這是你寫的論文？是的？好，我等會再問你一些問題，但是你先得跟我一起坐著，如果你能跟我坐得一樣久，我才會發問。」那位可憐的博士候選人寫了一大篇瑜伽的論文，但是沒辦法保持一個坐姿不動。斯瓦米拉瑪當場宣布口試失敗。當今世上有好多學者出版了關於瑜伽的書，翻譯《瑜伽經》，分析這句經、那句經，可是要他們穩定地坐在一個姿勢中不動，連五分鐘都辦不到！這些注釋，這些翻譯，有什麼用？所以不要盡信書。

我講的這些，都是根基。你的情緒要能和煦悅人的根基。

●融會貫通「觀出入息」的每一步

我說到要能融會貫通每一步。我們講簡單觀出入息的步驟為例好了。觀出入息（安那般那觀），巴利文是 ānāpāna-sati，梵文是 ānāpāna-smṛti，把念頭放在呼吸上，這叫做念住（念處）。有一部佛經叫做《念住經》（*Satipatthāna Sutta*），這是一部佛法的基本經典，我希望有一天能專為這一部經，以及它的釋論開一門課。它有好幾個步驟，觀呼吸就是念住的第一步。

根據吠檀多哲學，冥想在入門階段的定義是：「等念之流」（samāna-vṛtti-pravāha），你們該記住這個定義。雖然說這是入門階段的冥想，但是可能要用上好幾輩子才做得到。「同樣」（samāna）「念頭」（vṛtti）「相續流動」（pravāha）。不是心念的停止，那要到最後才會停止。「等念之流」是指同一個單一的心念，平順、均匀地流動。同一個念頭，同樣的強度。這一剎那、下一剎那，下一剎那。絕對沒有凹凸不平。沒有急喘。沉思和冥想的第一個定義都是如此。

智瑜伽、深沉反思（nididhyāsana，吠檀多哲學中對於冥想的另一個用語）和禪定瑜伽之道，都有同樣的定義。《瑜伽經》對冥想的定義是：

持續一知覺於彼處，是禪那。

tatra pratyayaika-tānatā dhyānam（III.2）

保持同一個覺知，形成一道綿密之流，就是冥想，這與吠檀多對冥想的定義相同。長時間保持同一個念頭，平順均匀地流動。而我們內在之流最容易讓我們覺知到的是呼吸之流，所以我們專注於呼吸之流。但是，這其中有一個細緻的轉變。大多數人都錯過了這個細緻的轉變。

「冥想」其實並不真的是在經驗呼吸之流。呼吸只是個藉口，是個方便，在《瑜伽經》的術語，我們稱之為「所緣」（**ālambana**），它是一種依持，要抓住的對象。所以心就掛在這上面。你們都習慣把心掛在這個上面或那個上面，那就是「所緣」。《瑜伽經》第一篇第十七經的注釋對此有非常詳細的描述，你們可以去研讀，但前提是你對「數論」哲學的分類要先有非常清楚的認識，否則你會讀不懂。

好，假定你可以讓心專注於某一個對象上。接著，心的覺知開始流動，所以心的覺知就形成了一道均勻的流體。當你來到這個微妙的一點，一個微妙的轉變，此時你的專注力就不再放在呼吸上，而是放在那股心念自身的微妙流動上。呼吸只是個方便，它起個頭，讓心念形成一股細流。能專注在這個上面，就是你要到達的深度，它非常細緻。所以，雖然在表面上都是以呼吸做為專注的對象，是用同樣的技巧、同樣的方法，但是你要懂得那個轉變才能更加深入。

到這裡，心念保持流動。然後你會到達另一個點，心念仍然持續流動，可是它會忘卻呼吸，你就到了《瑜伽經》稱為「自發住氣」（**sahaja-kumbhaka**）或者「獨存住氣」（**kevala-kumbhaka**）的境地。「自發」的意思是與生俱來，**saha** 是「一起」，**ja** 是「生」。自然發生的，不需費勁的，叫做 **sahaja**。到這個地步，你要做什麼？你要把注意力放在它上面。我等會兒再談這一點。

所以你只要需用一個簡單的方法起步，但是要精通它，就必須長時間、不間斷、虔誠、如法去練。

當你把自己這條船給準備好了，還需要一個要件，就是要有恩典加持，但前提是你要能做到自我淨化。我問你，你不打坐的時候在幹什麼？日常生活中，當你不在冥想的時候，你的心在幹什麼？當你不是在持咒的時候，你的心在做什麼？懂我的意思嗎？你是否有在監控自己說話的音量有多高？有沒有在講話時虛耗精力？這一句話是否可以少用三個不需要的字，而仍然可以表達意思？你為什麼會如此？為什麼浪費自己的精力？

●「精通」的三個特徵

至於「精通」，所謂精通某一個步驟是什麼意思？請你要記下來。第一，你做某個練習的步驟，無論那個步驟最後能帶你去到多高的意識境地，你要能夠保持在那個境地，要保持多久，就能保持多久，這才是精通。而且你要在任何情況之下都能進去那個境地，不只是在坐著冥想的時候能如此。

第二，所有這些技巧和步驟，都有個準備的階段。無論你是使用哪個技巧，你能夠無需經過前面的準備階段直接進入那個境地，能立即進入它，這才是精通了這個技巧。我現在跟你們講話，是發自內心一個深沉的層次。如果我進入一個較淺的層次（斯瓦米韋達用另一種音調說話），你們能聽出其間的不同嗎？你要能夠維持在那個較深的層次講話，要講多久，就講多久；然後，能隨意跳到較淺的層次去講話，也不會干擾到心中的平靜；然後，能再立即回到較深的層次。即使你在與人交談中，也能即刻轉換層次。要通過這些考驗，才能稱之為精通。

第三，最高的成就，最高的精通，是啟引的法力。啟引的法力是說，不論你的心是在什麼境地，別人來到你面前也能進入那個境地。這叫做啟引法力。

這是簡單提到三個「精通」的特徵。當你能做到了，再來問我，你的下一步是什麼。當你保持覺知呼吸在鼻孔中流動、接觸的感覺時，在呼氣轉換成吸氣的那個剎那，你的心是否仍然能保持覺知而沒有變動？你能維持在這個狀態多久？你要把呼氣與吸氣之間的那個停頓的空隙給關上。你能夠在那個呼與吸之間沒有停頓的狀態中，維持多少次呼吸？大多數人超過兩、三次呼吸就維持不了。可是當他們跟在老師身邊靜坐，有時候可以維持到兩分鐘，不過當中仍然會有些中斷。

所以你要練習維持那個無間斷之流，你能做到之後，我們再進一步去到更精緻的地步。種種的技巧和法門都是永無止境的。例如你們在做潔脈呼吸法（左右鼻孔交替呼吸法），我所知的就有九十六種基本作法，其上又可以衍生出種種不同的變化，可是大多數人連一種都還不能精通。我離開這個身體之後，自然會有別人知道那九十六種方法，知道哪一種方法適合哪一個學生去練。有些教導是無法由讀書學會的，必須要由傳授得來。

我說過，如果你精通了某個功法，可以無需做任何準備功夫就直接進入那個功法的境地，但是，基礎沒有打好的話，是不可能做到精通的。基礎在於自我淨化。自我淨化是不斷地檢查自己的念頭，「這個念頭是動性的，還是惰性的，還是悅性的？我剛才講話的時候加入了手的動作，這個動作是否必要？是否一種動性的習慣使然？」你要能抓住自己的行為和念頭。我以前坐在上師面前聽課，要坐得筆直，紋風不動。錄音、筆記都不准，你要用到完全的專注力。當他說到某個精彩之處，非常有教育意義，我的手便在無意間動了起來。他繼續講課，只是把目光投在我的手上。就是在問我，「你動了，你的心去到哪裡了？」所以你要觀察，自己什麼地方是動性的，什麼地方是惰性的。

我問過斯瓦米拉瑪，我要如何知道哪個學生才是可教之才？他告訴我，「第一，他是否無私？第二，他是否已經克服了自己的懶散？懶散就是惰性的表現。所以就從這二點可以看出來。」在《薄伽梵歌》中，奎師那稱阿周那為「伏眠者」（guḍākeśa），為什麼要稱他為能克服睡眠之人？我們常人的三個精神狀態是：醒、夢、眠。如果你能降伏睡眠，表示你已經能夠降伏前兩個較低的狀態。成為伏眠者，就表示你準備好了，可以接受更深的教導。

要檢查自己所有的言行，帶有多少動性、惰性的成分。「我講話的音調、我用的言語、我的動作有多少惰性？現在這個念頭有點動性，把它給洗掉。」你的人格中有著各種各樣的成分和作用，無法一一列出來。你們熟悉的，有所謂的「三身」、「五身層」。《薄伽梵歌》列舉了三十一個成分。這些構成你人格的成分，每個都是一個專注的對象，都需要能精通掌握，所以才會有這麼多的冥想途徑，它們彼此不相衝突，而是互補的。

●以心觀心

真正精通了冥想之人，每一條途徑都通，也會知道它們在何處與「中脈」相銜接。要如何把它們銜接起來？首先要觀察自己。你裡面有著所有這些的成分和作用。一旦你開始觀察它們，那就是在冥想。這是「以心觀心」，心自己在看著心的作用。所謂心的作用，不是指這些你所意識到的思想和念頭。這些根本不算什麼。心識像是個巨洋。這些念頭不過是巨洋表面打到岸邊的淺層波浪。整個心識是非常巨大的。此刻是你的心在推動肺臟的活動，可是你沒有能觀察到它的這個作用。此刻是你的心在推動心臟，可是你沒有能觀察到它的這個作用。此刻是你的心在運作腸胃的消化功能，可是你沒有能觀察到它的這個作用。此刻是你的心在造成種種激素的分泌和流動，可是你沒有能觀察到它的這個作用。瑜伽士能觀察到，而且能夠把它當作工具來使用。

今年稍早，我的心臟出了問題。醫師說：「你需要再做一次冠狀動脈繞道手術。」但是，我正準備出發做一趟環球巡迴演講，行程都安排好了，世界各地的人在等我，我沒時間躺下來動手術靜養。我出了醫院，第二天一早正準備去參加鄰近旁遮普省的一個活動，當地政府派了直升機來接我。但我在浴室中又病發了，整個人都不能動。我勉強拖著自己回到臥室，打電話給助理，要他在半個小時後去機場，把我無法參加的消息告訴他們。

我要助理先等半個小時再去，然後在心中默問上師斯瓦米拉瑪：「我是該去還是不去？」得到他用一貫的語調回答：「你這是在幹什麼？帶著你的上師同行，去吧！」你知道嗎？我居然能夠立即起身，出發去機場。

我搭飛機去到旁遮普省的會場，發表了談話後回來，接著在那天晚上搭機飛去新加坡，完成了那邊的活動也沒事。但是，等我到了下一站馬來西亞的婆羅洲，講課十分鐘之後就感到心臟不對了。

我意識到自己講話時用了高過所需要的音量，就立刻在保存能量的狀態下講完全場，在場聽講的人有些是醫師，可是沒有人察覺我有何異樣。我說了一個半小時，全程都知道自己身體內的狀況。講課結束後，我回到房中，攤在椅子上，請地主打電話找醫師來，並請她先在我右邊口袋中取出心臟藥放入我的口中，因為我連做那個動作的力氣都沒有。最後，我還是挺過去了，繼續環球之旅。可惜我沒辦法把這個本事教給你。你會需要用上許多年的修練才行。如今的人無法如此一心一意投入，大家都只想要吞一顆藥丸就立即見效。

在觀察自己的過程中，你會發現這些途徑。「以心觀心」是第一步。隨後你的觀察能越來越細微，讓它成為「等念之流」。下一步，你的冥想就不是用你的意識心在冥想。意識心在冥想中是次要的。

那要怎麼用無意識心來冥想？雖然我們用「無意識心」這個詞，而且斯瓦米拉瑪也使用這個詞，但是他教我們，其實並沒有所謂「無意識」這回事。你夜晚睡覺時是否是無意識的？睡到半夜你的腳感到冷，到了早上，你發現腳上已經蓋著毯子了。你什麼時候去蓋的，又是誰告訴你腳受涼了？如果你是無意識的，是誰告訴你腳冷了要蓋住保暖？孩童時代，你在睡夢中會跌下床，但長大了以後，睡覺時不會翻跌下床，你翻身到床邊就會警覺，不要再往外移動。所以，睡眠中並非無意識的。

能在睡眠的狀態中保持意識清醒，叫做瑜伽睡眠。在瑜伽睡眠的狀態中，你會得到知識、能夠創造，也可以寫書。我的英語就是在練瑜伽睡眠中學來的。這是另一個題目。

目前來講，你要試著能保持覺知自己至少在兩分鐘內的呼與吸之間沒有停頓。單憑這一點，就是一個成就。在那兩分鐘之後，你的心會變得非常銳利，有如雷射一般，你能完成很多事，更富有創造力。你一定要試試，一而再，再而三地去品嚐這兩分鐘。

現在，你只需要去感覺呼吸在鼻中流動和接觸的情形。呼吸平順均勻，呼與吸之間沒有停頓。如果你有啟引的個人咒語，就用那個咒語，否則就用你最喜歡神明的名號當作咒語。呼氣，不要停頓，吸氣。呼吸均勻，沒有停頓。憶持咒語或名號的同一個心念相繼，也不要中斷。呼吸之間沒有停頓。心中默默做下決心，在未來的兩分鐘內，不會有其他念頭。做出決心，兩分鐘從現在開始。

不要中斷覺知之流，繼續觀察這股意識之流。不要中斷這股流，輕輕睜開眼睛，即使在張開眼睛之後，繼續保持同樣的覺知。

願神祝福你。

3

冥想的儀式與實踐

（譯者按，本篇是斯瓦米韋達早年在美國講課關於冥想部分的節錄。）

冥想可不是你在有所作為。切莫會錯意！請不要以為你能冥想。你別的什麼都能做，但冥想超過了你的能力範圍。只要你一說「是我在冥想」，那就已經不是冥想了。只有那宇宙的教師靈，也就是上師，才能在你的內在冥想，當你明白了這個真理，那麼冥想會自然由內往外流，會盤據著你。如果你還在試著冥想，就無法冥想。就是這麼簡單。

二十世紀初，有一位偉大的瑜珈士名叫斯瓦米拉瑪．提爾塔（Swami Rama Tirtha）前往西方弘法，他是我們上師斯瓦米拉瑪的前世。他說過，每個人和神的關係要經歷三個階段。第一階段，這個人會說，我屬於祂。第二階段，他能和神面對面時，會說我屬於您。到了第三階段就是「搜瀚」（so'ham），吾即彼，我就是您。祈禱是有兩個主體，有一個我在向神祈禱。冥想時則只有一個主體，只有我所摯愛的神，但沒有了我。

用理性分析的方式來解釋冥想的經驗，就成了智瑜伽（jñāna yoga）。用行動的方式來表達的話，就成了業瑜伽（karma yoga），其中最主要的典籍就是《薄伽梵歌》。而當濃厚的愛意洋溢出來時，就成了奉愛瑜伽（bhakti yoga），是表達愛意，奉獻一己的瑜伽。

在智瑜伽，神是無相的，超越人的型態。而在奉愛瑜伽，則是有一位擬人化的神。在我的心目中，基督教是屬於一種奉愛式的宗教。它有一位擬人化的神，你要臣服於祂的恩典。你頌唱基督之名，祈求祂來到，降臨你心中。你為祂的誕生而歡慶，沉浸於祂臨在的喜悅中。你說：「我什麼也不是，我已經成了基督身軀的一個部分。」那就是瑜伽所謂的奉愛。「您是我的一切。您就是一切。若您不在我的眼前，我就不存在。而當我注視您的雙眼，神啊，我也不復存在，因為只有您存在。」當你那所有凡人的愛、凡人的情，都昇華到了超絕的層次，就成了奉愛瑜伽。

請容許我批評你們西方的文化。我不太願意批評別人，但是你們的文化中有一點非常不好，就是不能領略自居渺小的樂趣。你們不肯自認渺小，不懂得享受渺小。從小所受到的教育就是衝，要強勢，要展示肌肉，要凌駕別人。你們每個人心理和情緒上的問題，絕大多數都是由此而來。你們不能享受渺小，不懂得如何渺小。太多的自大、自尊在人與人之間衝撞。

我告訴你們一個故事，有一陣子，我的上師斯瓦米拉瑪對我不理不睬。他來到我們這個地方，雖然我們每天見面，但是他始終不開口跟我講話。他在人面前稱讚我，把我捧上天。在人後就保持冷漠。

後來我忍不住，寫了張小卡片放在他桌上，上面寫著：「請痛打我一頓！」然後簽上名字。

當天晚上，他把我們夫妻叫到房中，給我們一頓訓斥，他說：「你們的信心不夠堅定。還在窮擔心些什麼？是在擔心你們這個中心的財務問題？你們難道不相信自己已經得到了祝福？你會去跟別人談你的問題，就是不跟神去談？當你坐下來冥想時，還是把這些問題放在心上！你不知道什麼是臣服嗎？你不知道什麼是放下一切嗎？你以為你是在為誰工作？是為你自己嗎？」他如此訓了足足一個小時。我告訴你，從那天以後，我再也沒有擔心過什麼事，所有的憂慮都一掃而空。

三年半前，他為我啟引的時候，他告訴我：「你要無所畏懼。」可是，我這一輩子就只有這一件事：我有恐懼感。我連漆黑的屋子都不敢入內，我會怕。可是，從他訓斥我的那一天起，我不再恐懼。我不知道你要怎麼去解釋這件事，但我會稱之為對上師的奉愛情懷。我相信，我深信，奉愛就是要讓自己變得渺小。奉愛就是在說：「您是一切。我什麼都不是。」（譯註：這就是咒語中 namaḥ 這個字的密意。）

你們能做到嗎？你能做到的話，你的整個世界都會變得不同。懷著「我什麼都不是」的心態，你就會發現有恩典加持於你，提升你，你就會受人敬重。

●固定的坐處

在瑜伽的傳統中，有些跟冥想相關的作法對任何人都非常有幫助，不論他們是屬於什麼宗教派別都能夠採用，而且不會跟自己的信仰起衝突。這是個巨大的題目，我們這次討論的內容，僅限於給初學者列出一些綱要，無法深入探討冥想精深的部分。我們這次的課程要強調的是，**人真正的覺性在他的內在，所以他需要往內觀看去尋找神**。「往內觀看去尋找神」不是空話，是有一定的方法。如果你遵照一定的方法和模式去內觀，當你下的功夫增加了，感受到那平和、寧靜、安定的深度就會增加。

做冥想的功夫，與做任何其他的功夫一樣，剛開始有很多事情對很多人而言似乎是不相關的，但是慢慢地它們的意義就會變得明顯。例如，我們建議剛開始練習冥想的每個人，要在自己的家中找一個固定的角落。就像很多天主教徒會在家中設置一個神壇（當然，如今已經越來越少人這麼做），在這一方面，印度教徒和天主教徒是相同的，他們在家中有自己私人的禮拜場所。在印度，我們都是在家中做禮拜，請教士來家中誦經、為節日或是特殊原因做法會，所有的鄰居都會前來參加，大家聚在一起。

有一回，我曾經為某個家庭的婚慶大典做了七天的法事，期間我都住在主人家中，每天早午晚有三場法事要誦讀經典。不請自來的人數上千，每個來者都是客，都得招呼他們吃飯。當然，來的人也會獻上水果、鮮花、香燭、食物乃至金錢。維繫宗教的力量是家庭。如果宗教要靠教堂、寺廟來維繫的話，宗教就死了。

如果你有宗教信仰，可以在家中擺一個小神壇，不用大費周章，可以是一個簡樸的設置，擺在某一個清淨的角落。那個角落是家人需要寧靜時可以去的地方，在那裡讀書、沉思、冥想。今天你就可以立刻著手，只要放鬆心情在家中各處走動，感覺一下哪個地方會讓你覺得心裡最舒服，那就是了。如果你沒有宗教信仰，或者不想設置神壇，就在那個角落放置一個冥想的坐墊或一張椅子，最好不要讓別人去坐，應該是你專用的。不過，我們絕不會說那是「我的」座處。其實那是我上師之座，是聖靈之座。

你的心會定在哪兒。每天你都期待著去坐在那個角落。讓你的每一天都從坐在那個角落開始。如果你想要認真開始練習冥想，就從建立一個固定的冥想坐處開始。漸漸地，你就會發現坐在那裡更容易把心收回來，你會習慣那個坐處，你的心在那個坐處會更安定。這是第一個要點。

●儀式的意義

現代的人不再認同儀式這回事，他們往往覺得不可置信。這是因為他們不了解，重複一個行為，重複一個念頭，能在你心中帶來什麼效果，對你的人格會有什麼影響。你要選定一個固定的冥想地點、一個固定的冥想時間。當那個時間到來，你對外在世界關閉，只對神開放。只要選定時間和地點，久而久之，你的身心都會有所調整，會期待那個時刻的來臨，讓你能坐在那裡，能自如。

此外，某些身體上的準備功夫也很有用。可能的話，去那個定點冥想之前先淋浴。不要只把水當作普通的水，要當它是母性的水，是神聖的。水不只是清潔你的身體而已，你淋浴結束後心境會感到清新，覺得自己有如重生一般。我小時候每天的冥想前都要先洗浴。我們在清晨時分走出城，進到流動的河水中浸浴之後，才坐到樹下冥想。

你淋浴時，可以觀想那水是聖潔的，是來自約旦河，來自恆河，你在其中洗禮。重點是你的心要能夠產生聖潔的聯想，要感覺受到啟迪，不要把東西視為是死的東西，它不僅僅是物質而已，它是具有抽象的、清純的理則。要把你的行為跟某種聖潔的念頭連結起來。

我曾經針對儀式的哲學意義做過一次很長的講座，對象是對我們在美國這個中心的少數幾位同修朋友，因為大多數人無法認同這裡面的哲學意涵。不過，我發現天主教徒比較容易接受這個觀念。有些人原本已經停止參加自己宗教的儀式，但來到我們這裡冥想一段時間之後，就會重拾那些儀式。去教堂望彌撒、做禮拜，你該穿什麼樣的服飾、要怎麼坐，這些外表形式的後面都有它們的精神意義。而很多教友會說，正是這些儀式上的東西讓他們對宗教反感。

有位朋友曾提到他以前會認為某教堂的長凳椅（pew）是他專用的，他們家族從祖父開始就固定坐在那張凳上。其他在場的人聽了都笑出來。而我忽然打斷他，我說，那正是我一再強調要有固定冥想坐處的意義。

你要建立起那個連結，那個坐處是你上師之座，是上師的上師之座，是上師上師的上師之座，一直往上推到始祖上師，那是知識智慧所流出的源頭。你要能如此觀想，那你就不會是一個孤立、迷失、寂寞的個體。你是基督徒的話，可以向上推到基督或是亞當，那就是和無邊際的源頭建立連結。要擴充你的意識，建立你的連結，找到你的源頭，找到你的傳承。

是因為它們變得沒有意義，所以你才失去了它們？不是的。你會失去它們，會覺得它們沒有意義，是因為失去了儀式行為所需要聯想的某種精神意念。如果坐在那張教堂長凳上成了一種死的習慣，當然會被丟棄。但是為什麼要丟棄它？為什麼不重新建立它的精神意義？

什麼是儀式？儀式是一種具有精神意義的重複性行為。我對儀式有好幾種解讀，這只是其中一種。儀式就是某種重複性的行為，帶有特定的精神意義，它帶有某種目的，就是在以某種方式來轉化你的人格。

你的任何一個動作都是潛意識的展現。你走路的方式表露出你的習慣。在印度的寺院中一定要教的東西，其中一項就是要如何行走，如何走在神性中。外表是走動的行為，然而內心是走在神性中。每天晚飯後要在一個限定的範圍內散步，例如朝這個方向走一百步，再朝那個方向走一百步，都只能在一定的範圍行走，要帶著覺知行走。步伐要穩定而輕柔，每一步都要有覺知，那就是一種冥想。

如果你平日能帶著如此的覺知力，你的身體語言就會改變。目前你的身體語言充滿了銳角，心態就會充滿了銳角，沒有了柔軟度。我的老師教我們如何識人，第一次見到某人就要能知道該如何指導他，該給他什麼樣的咒語。也許你連他叫什麼名字都不知道，但是你應該要認識這個人。

除了淋浴能改變你的心態之外，連衣著都能改變你。所以，教士所穿著的不叫衣服，而是稱為法衣、神袍（vestment），是被賦予法力、權威的衣著。古英語的 **vesture**（衣著）就是來自 **vastra** 這個同意義的梵文字。天主教和印度教的傳承有著非常密切的關係，但大多數人對此一無所知。

每當你坐下來冥想，你的心態就要改變。每一次的呼氣，要呼出自己所有不淨的念頭，把念頭都關掉，把自己帶入一個靜止狀態。光是上面所說的這些準備功夫，對你就會大有幫助。

以前的時候，家人會一起坐下來用餐，還會做餐前的禱告。現代的家庭很少一起用餐，甚至也不住在一起。子女們很年輕就搬出去自己住。他們或許會跟其他人成為室友，但也只是共享生活空間，而不是共享生活，雖然住在一起，但是每個人都獨自進食，回到寓所進廚房胡亂弄了些食物，三口、兩口吃完了，又外出。最近我聽到有句美語俚語的說法；「我在餵臉吃飯。」（I am feeding my face，意思是囫圇吞咽，暴食）說得還真貼切。所以，今天不再有餵食心靈這回事，不再有我們說「進食是在對生命之火的供養」那種心靈上的意義。

在印度進食之前的祈禱是對「梵」（brahman）禱告，梵是一體的神，存在於萬物之中。禱詞是：

此供養即梵（brahmārpaṇam）
乃對梵為之（brahma havir）
是梵在投入梵火中（brahmāgnau brahmana hutam）
以梵為終極目標（brahmaiva tena gantavyaṁ）
願此進食引領我去到最高冥想（bramha-karma-sanmādhimā）
嗡，願此舉能獲致所有宇宙之靈歡心（om viśvātmā priyatām）
嗡，謹以此食為對梵之供養（om tat sad brahmārpanam astu）

所以，即使是進食也有精神的意義，要和神一體。你吃下去的麵包，經過消化後，跟你的身體合一。外物能變成你的一部分，這顯示了梵的一體性，神的一體存在於萬物中。對你而言，這原本只是個普通的行為，現在你對它的心態改變了，那種心態的改變是至關重要的。

●冥想的時間與衣著

冥想最好是在用餐之前為之，這有兩個理由。首先是單純生理上的理由，因為飽腹時你的呼吸就無法深沉，而且你在用餐之後冥想容易陷入昏沉。第二個理由是，你應該先用自己去供神，而不是先用世間之物來供你自己。所以，你要先冥想才進食。

瑜伽傳統的說法是，在進食和冥想之間，應該要相隔大約四個小時，你冥想的時間就要把這個因素考慮進去。很多印度的寺院裡，夜間是用來冥想的，因此，一天的最後一餐是在黃昏前後進用，大約到了夜晚九點，你就坐下來進行晚上的冥想一至一個半小時。如果你不是住在寺院中，至少也應該在就寢前冥想，帶著冥想的心態入睡。

已婚之人，在家人，需要帶孩子或做其他事的話，就可以自己設法調整冥想的時間。你冥想時有一件事不要理會的，就是：「你非如此如此不可，你絕不可如此如此。」[1]這種教條式的原則只會造成抗拒心。你應該要懂得調整。你應該要懂原則，然後懂得如何把原則適用到你個別的情況上，但前提是，你不會濫用這種彈性，把它當作可以不遵守原則的藉口。你要能看穿自己的內心。

日常生活中有很多這種可以儀式化的行為，對你的冥想都有幫助。然而，沒必要的爭端、沒必要的吹毛求疵、太多話、講話聲音太大，都會浪費你的能量。你有時間、有精力，為什麼不用來供神？把你自己獻給神，因為是神把你自己給了你。

在過去，家人會一起坐下來讀經。在東方還有一個非常普遍的傳統，夜間孩子們臨睡前，母親會為他們讀一些美麗的故事。我們來到美國，每次我拿起孩子們從學校帶回來的書本就不禁嘆息，這到底有什麼意義，目的何在？究竟在教些什麼東西？教育的意義何在？什麼都沒有教，一片真空！心靈是空白的。其中完全沒有人生哲學的東西，然後大家只會抱怨校園暴力層出不窮。你要怪誰？空白的心靈會成為暴力的心靈。充實的心靈絕不會是暴力的，一定是安詳的。

你坐下來時，要能找到一個自己覺得最舒適的姿勢，要注意把脊椎擺正，四肢不要僵硬等等。你的衣著要寬鬆。冥想就是要避免注意力被吸引向外。這就是為什麼全世界所有宗教的教士、僧侶的衣著都是非常寬鬆，是披掛在身上，不會是緊束的。當你穿著緊束的衣服，注意力就會被帶到皮膚上，那就是沒有必要地去刺激觸感。可能的話，冥想時要盡量穿棉麻毛等天然材質的衣服，要避免化學纖維和緊束的衣服。化學纖維對你的皮膚有刺激性，而且會使得毛細孔無法順暢呼吸。

如果你能在冥想前做些哈達瑜伽的話，那對冥想的練習會大有幫助，特別是那種我們此處所教導的冥想式哈達瑜伽。我們所有的哈達瑜伽課，也就是冥想課。做完哈達瑜伽之後，就是在大休息式中的放鬆法。然後，你才坐著開始冥想。你要舒適地坐著，放掉所有的念頭。放掉、放掉，我的羨慕、憤怒、焦慮、恐懼、憂慮、貪婪、激情，都放掉，不要進來。

你的坐處就是一個壇城，你就是這個空間的中心，去到這個壇城最中心處。有時候，我們會教人觀想在坐處圍繞自己劃下三道線，告訴自己的心不要跨出這個界線（譯按，這也就是在「結界」〔dig-bandhana〕）。告訴自己，我在這裡，此刻我的身體感覺如何？是否舒適？我的呼吸如何？心，你還好嗎？定下來好嗎？你從粗大的、外圍的，逐漸往細微的、內在的去，去找你的中心點。

●面對心的意識層面

當你的身體放鬆了，呼吸調好了，然後你要面對心的意識層面。你心的表層意識，總是習慣去想東想西，所以你丟個東西讓它去想。就這麼簡單。

孩子拿了一瓶安眠藥在手中玩，聰明的母親不會從孩子手中把它搶下來，而是拿一個什麼更能吸引孩子的東西，「瞧！這是什麼？」孩子就會丟下手中的藥瓶，開心地接下母親拿來的新東西。你也應該如此去處理你的心。心，你喜歡想東西，要不要去想這個？

你要讓心停止那種想東想西的習慣，你要讓心能夠專注於一點。假如你今天用一個字語，明天改用另一個字語，後天又是一個字語，如此一來，你無異於在加深心由一個念頭換到另一個念頭的習慣，心怎麼能夠定於一？所以你要選定一個念頭，然後在冥想的時候就只用這一個念頭。

在瑜伽傳承中，我們會授予修行者一個咒語，那是由代代相傳的上師傳承中得來的咒語。如果你不能接受咒語的話，可以依自己的信仰去選擇一個念頭，然後不停地去重複這個念頭。

你還需要明白一個道理，心不是孤立於你身體之外的。你每轉一個念頭，不論多麼細微的心念，都會改變你的腦波狀態、呼吸的節奏。我們的心念和呼吸之間有非常緊密的連結。譬如，你可以想像你的呼吸是一條河流，在鼻孔的兩岸間流動。它的上游有兩條支流，其中有形的那條支流是從太陽神經叢的那個火坑中流出，而那條無形的支流是發自你前額後方的洞穴中，心是由此處推動呼吸，呼吸也是在此處生出心力。如果你懂了呼吸是什麼，你對心就懂了一半。

呼吸的節奏是瑜伽傳統中一門非常細緻的學問。我們所有的身體和心理的活動都要用上呼吸。你現在可以實驗一下，譬如說你選擇「耶穌」這個詞作為專注的心念，現在，你呼氣時心中默念「耶——穌——」，吸氣時默念「耶——穌——」。不要停頓，持續這樣呼吸，持續這個念頭。現在試一下，譬如在呼氣或吸氣時，還沒有呼到、吸到盡頭之前去想些別的念頭，看看會有什麼不同。你會發現，只要岔進另一個念頭，呼吸就會出現非常短暫的停頓。

呼吸和心的連繫非常緊密，以致於你只要用到心，就必然會有意識或無意識地

用到呼吸。現在，讓你的呼吸靜下來，給你的心一個單一的念頭。呼氣，呼出去的是那個念頭，吸氣，吸進來的是那個念頭。持續保持這樣的呼吸和心念，保持下去，保持下去。這能增強你的專注力，給你帶來喜樂，給你帶來靜和定，給你帶來決斷力。如果你想要用直覺來幫你做決斷，就進入呼吸覺知中，然後在心中提出問題，下決定。

如果你想要完全空掉心念，可不要粗暴地去停止心念，應該要漸進地去馴服心。可是，當你到了空掉心念的境地，會來到一個交叉口，你的意識心有一部分會進入潛意識，另一部分則是進入超意識。這個地方要小心，因為如果無人指導的話，有的人到此進入了潛意識而自以為進入了超意識，他可能會聽到各種音聲。

有一回，某人在三更半夜打電話給我，他說：「我剛才在靜坐，腦中聽到古代的大師在跟我說話，我該怎麼辦？」唉，如果你已經到了那個能聽到古代大師音聲的境地，為什麼要來問我，你該直接去問大師嘛！

這個是修行時要留心的關口，所有的冥想傳承，即使是古代基督教，像是在沙漠中苦修的神父，他們都會有一位過來人的大師提供指引，大師會知道弟子是否掉入潛意識境地，還是真到了超意識境地，他會點醒弟子在用功上要注意什麼。

●冥想該要有的經驗

如今的人濫用藥物，有的人居然把迷幻藥和冥想扯上關係，我真不明白這是怎麼開始的，這些人究竟是怎麼想的。迷幻藥的經驗和冥想經驗兩者之間的關係是零！在藥物影響下，你對心毫無控制力，你是受到外力藥物的控制，而冥想是在對心的全面控制，是需要排除來自外在的影響。兩者是完全相反的。

你在冥想的時候，以及不在冥想的時候，湖底有很多沉澱的東西會浮現上來。有很多你原本不知道它們存在的念頭會浮現上來，讓你面對它們。解決之道不是去分析它們，否則你會把潛意識裡面的髒東西翻出來。這是冥想不同於心理分析、心理治療之處。**我們要完全繞過潛意識。我們不去接觸潛意識，要直接由意識層面進入超意識。**

冥想的時候，什麼都沒經驗到，會好過經驗到很多東西。有人期盼能聽到什麼聲音，聽到來自天界的傳音，聽到天樂，看到耀眼的光芒，星星落到自己頭上，很多人是為了追求這些刺激而來冥想。特別是有些濫用藥物的人，他們聽說冥想比藥物還要強烈，所以來學冥想。結果他們說什麼也沒經驗到，沒見到星星掉落，沒有聽到雷鳴。

冥想該要有的經驗，是經驗到安寧、平靜、無念。這樣的境地不可強求，偏偏很多人硬要逼著心進入這樣的境地。你只需要讓心自行安定下來，它就會做到。只要你過去的行為和心印沒有累積沉澱太多的業，只要你對它們不是那麼執著，只要你知道如何繞過它們、如何時時去觀察自己的心念，不要和心念對抗，只要觀察它們，知道我此刻動了什麼念頭，它是怎麼起的，然後回到我原本的方法上，你就去持那個你選定的字語或是授予你的咒語，帶著它進入你心的深處。

有的人認為，當自己閉起眼睛，在裡面的就只是一個東西。並非如此。內心裡面有不可勝數的房間，這是我在自我實驗時發現到的。你叫它房間，叫它深度，叫它什麼都好，你為某個用途而使用到心的某個部分，那個部分就用不到別的用途上。不過，你不必注意這些，你需要注意的是去到心的深處，更深、更深之處，看看你的念頭是從哪兒冒出來的。

沒有人能夠清楚地知道念頭冒出來的過程，甚至沒有人能夠為心下個定義。你要往內去觀察自心，試著去追蹤你的念頭，但不是去追縱每一個念頭，而是你為冥想而選定的那一個念頭。你抓住這個念頭，告訴自己去試著追蹤它。乘著你那條小獨木舟，往河流的上游駛去，去找河的發源地，去找它的源頭。這個你要學會逐步、慢慢地去做。

譬如說，我現在想要「耶穌」這個字語在我心中浮現，我要如何讓它浮現？不需要別人來為你解釋，你就只管觀察，就觀察這個念頭在哪兒浮現，就帶著這個念頭去到它最細微之處，去到心中那個層次。你知道在你心中有不同音量的聲音，有很響亮的，有很細微的，你要去到那細微聲音的層次。慢慢地、漸漸地前去，去到那個念頭的源頭，然後讓那個字語在那個層次重複著，到它幾乎不再是字語的地步，只剩下些許振盪。這是一個緩慢的過程，你不會在一夜之間就做得到，但是，你的目標是要把那個念頭帶到意識最深的層次，在那個地方，它幾乎不再是個字語，它變成了一種振盪。

我最喜歡用一個形象的比喻，來解釋這個過程。我現在對著麥克風說出一個字，振動傳到麥克風內的一塊磁片，此振動在我的嘴和磁片之間是可以聽見的音聲，然後從磁片經過擴大機傳到喇叭，又變成了可以聽見的音聲。不過，音聲在麥克風和喇叭之間是聽不見的，就算你把傳導的線切開，也聽不見音聲。這是音聲的能量被轉變成了聽不見的電能，電能再轉換成振動，才又成為耳朵可以聽見的音聲。未來，你們有些人會來此學習中脈的課程，就會明白所有的聲、光、神明都會融合在一起，成為同一個能量之流。這是有著七個階級的階梯。

你要去到一個境地，在那裡你心中音聲的能量和心中字語的能量會成為一種振盪，它會和你意識之流的其他部分混合在一起。你可能覺得我講得很玄，但是，只要你能學會追蹤那一個念頭，注意不是每一個念頭，不是去追蹤每一個念頭，就只是那一個念頭。選定了哪個念頭，就只盯著它，就只觀察它浮現，去到它最細微的源頭，在那裡重複著它，慢慢地、漸漸地，它會沉下去。有一天，去到這個點對你而言會變得自然而然。每當你的心想要放空，那個念頭就會浮現。而當你到了那個點，就可以向所信任的源頭尋求心靈的指引。

日常生活和冥想是不可分的，除非你的日子過得更有節制，你的飲食習慣、性的習慣、講話的習慣、行為的習慣，都能夠調適好了，你的冥想才會有進步。你的冥想進步了，整個人的氣質就會有所改變。

現在我帶大家做一個練習，由「奉愛」的唱頌方式進入冥想，我們用印度風的唱頌法來唱基督的聖名。在唱頌的時候，你要在右耳內聆聽自己唱頌的音聲，保持專注在那個上面。

冥想導引

重複唱頌，禱詞是

Om. Nārāyaṇa（嗡，那羅延）

Come Lord come（主，請降臨）

Kyrie Eleison（主，求您憐憫）

Christe Eleison（基督，求您憐憫）

Alleluia（哈利路亞）

Sanctus, Sanctus, Sanctus（聖哉，聖哉，聖哉）

現在把你的心收回到身體所在的空間。感受你的全身，由頭到腳。我在此處。

主啊，我在此。我整個人在此，這是我的身體，這些是我身體的表面，由頭至腳，這些都屬於您。這些是我身體的內部，我的血，我的骨，您看，我的髓，我的內臟。這是我的心臟，我的心跳，我的脈搏。我的主，這是我腦波的音樂。這是我的呼吸。

我得自您的呼吸，透過您呼吸，在您裡面呼吸。我都交給您了，請收下我。

現在，我們用「耶穌」做為咒語，在口中呼耶穌、耶穌、耶穌、耶穌、耶穌、耶穌。耶穌請接受我。耶穌、耶穌、耶穌基督，憐憫我。耶穌、耶穌、耶穌，我每日都念著您。耶穌、耶穌、耶穌，您在何方？耶穌、耶穌、耶穌、耶穌、耶穌、耶穌，我所有的情都繫屬於您，我所有的愛都繫屬於您。耶穌、耶穌、耶穌。

現在，閉上嘴，用你的舌頭在嘴中重複頌唸「耶穌、耶穌、耶穌」。

現在，舌頭不要動，只在心中頌念「耶穌、耶穌、耶穌」。你的呼吸都是在重複頌念那個名號。呼氣時，從心中流出那個名號。吸氣時，那個名號流入心中。讓那個名號變成你呼吸的聲音，讓你的呼吸之間沒有停頓。

現在，觀察這個念頭是如何從你心中浮現。觀察從無念到生出這個念頭的轉折處。把這個字語帶到那個轉折的層次，到那個念頭剛剛浮現的那個微細的星火，那是你的意志在指令你的心去想那個念頭的刹那。

讓那個字語在心中變淡，讓它繼續自行重複。保持你呼吸之流的平順、輕柔。念頭與念頭之間沒有停頓，每次重複之間沒有中斷。

觀察，從你的心穴處，那是在你胸部下方、胃部上方，那一個微小的洞穴內，基督放光的面容在此呈現，用純白聖潔的光籠罩住你。他說出自己的名號，用你的身體在呼吸，在你裡面呼吸，你的肢體成為那聖靈的肢體。

此際你的心空無任何念頭。

願所有基督教的上師給你加持，願所有基督教的大師來到，用祥和、安寧、寂靜充滿你的心。

嗡，寂滅、寂滅、寂滅。

願神祝福你。

譯註

❶ 這也就是佛法中所謂的「見取見」和「戒禁取見」，都是要捨棄的「惡見地」。

4 三堂融合各個門派的冥想之道

——斯瓦米韋達，一九九〇年十一月，
講於美國明尼亞波里市禪修中心

第一堂課

冥想導引

把心定下來。找到那個觀察者，是誰，此刻正在觀察你的身體、呼吸、心念。現在，就只觀察你自己。觀察你的身體。觀察你此刻的姿勢。觀察這個姿勢的一切，你的頭、頸、肩膀的姿勢。你的整條手臂一直到手指的姿勢。觀察你的整個背部、胸膛、腹部、髖關節，一直到腳趾的姿勢。有什麼需要矯正的地方，就做出矯正。需要調整的，就調整。調整好了之後，觀察。

觀察你身體的一切。你是怎麼坐的。你頸子的位置，肩膀的位置。手肘是如何打彎的。手指的情形如何。胸膛、腹部、腿部、腳趾，一切是什麼情況。沒有別的念頭，每一刻接著下一刻，就只是觀察身體的姿勢和情況。

觀察身體中所生起的任何感受。只是觀察它們，不要受它們所影響。它們既非舒服的，也不是不舒服的。你不要對它們起反應。你只是個中立的旁觀者，看著它們每一刻如何變化，如何每一刻都不停地生起一個新的感受，而不是有如一個無間斷的連續體。觀察每一個你所經驗到的情形，身體中所生起的任何感受都逃不過你的觀察。

如果你對任何身體上的感受起了喜歡或是厭惡的感覺，要提醒自己保持中立。它們只是存在，不是由前因所生，也不會轉變成後果。身體範圍內每一刻所起的感受，是由於那一刻的化學反應帶來的電荷所生起的。要觀察到身體內各個部分的這種反應，最細微的動態都不放過。任何可能起的感受都要觀察到，而且一定要將它們視為不值一顧，不要去認定它們是舒服或是不舒服的。

在你觀察到的所有感受當中，有一股連續的流，就是由呼吸流動所引起的腹部動態。你要完全觀察那個動態。讓呼吸由腹部流出。以那個覺知為本，然而還要保持對身體中其他感受的覺知。要覺知到呼吸時腹部的起和降，保持對所有與身體有關的全然覺知。保持覺知呼吸在鼻中流動的情形，同時不要放掉對身體其他感受和動態的覺知。繼續覺知它們，而以呼吸覺知為本、為焦點。

現在，觀察那個觀察者，觀察你在觀察。觀察你在觀察身體的姿勢，以及與這姿勢有關的一切，同時觀察到這姿勢的每一個部分。身體所有的感受。呼吸由腹部流出，在鼻中流動。知道你在觀察。如果比較高階的觀察者見到比較低階的觀察中雜有妄念，就只要看著那個妄念而不要認定它是好或是壞，是舒服或是不舒服，你是受它吸引或是想避開它。它只是起了又滅了。觀察所起的任何念頭都是中性的。問，是誰在觀察？找到那個觀察者的心，在那個心中繼續觀察呼吸，知道所觀察到的妄念生起的地方。

現在，讓你的咒語浮現，就只觀察咒語的存在。尋找是哪一個在持咒，是誰在持咒，咒語從哪裡生起。當你找到了這咒語從哪裡生起，就留在那兒。那兒是「基督的覺識」，那兒是「菩提心」（bodhi citta），是開悟之心，那兒是「非也」（neti），非此也非彼，超越了分別，超越了對立。在那兒，不是「有」，也不是「非有」，也不是既「有」又「非有」，也不是既不是「有」又不是「非有」。超越了一切定義。就是「真如」（tathātā），就是「我本彼本我」（I am that I am），就是「空」（śūnya），就是連空也空。就留在那兒。

留在那兒，身體保持靜止，微微半睜眼。留在那兒，觀察無論你眼睛所觀察到什麼，都是中性的，沒有舒服或不舒服，不認可也不否定。用眼觀察，內心不要起喜愛或厭惡的感受，因為它本來沒有任何好或壞，此刻只是「如如」。知曉外界的對象本身沒有好壞，就不要讓它們引起任何情緒的念頭。

閉上眼睛，進入那個「空」，連空也空。進入內在的「如」、「菩提心」、「基督覺識」、「真理」（satya）。留住在那靜止中。

輕輕地用雙手掌蓋住你的眼睛，在掌中慢慢睜開眼睛。放下雙手。我在此雙掌合十，以身、語、意向你們內在的神明禮敬。願神祝福大家。

✿

剛才這一段冥想，我帶領大家體驗了好幾個不同門派的冥想法。當然，這不能完整地展現各個門派的風貌，因為我們在每一個環節只用上了短短二、三分鐘的時間，去淺嚐那每一個需要用上兩、三年才能學精的方法，但是，我需要帶你們去體會它們是如何自然地進展，從一個法門如何自然地融入另一個法門。

在剛才的半個小時中，你們會覺得這些法門之間有任何衝突嗎？會覺得只能選這個法門，不能選另外一個嗎？會覺得某一個法門是對的，另一個是錯的嗎？你知道為什麼嗎？因為你們是在喜馬拉雅的傳承中，所有冥想的門派都含攝在我們的傳承裡面。請你務必要明白這一點，這是我要特別強調的重點。所有的冥想法門，都不在喜馬拉雅傳承之外，都可以追溯到喜馬拉雅傳承。

●佛教內觀與觀息的法門

我們剛才冥想開始的第一個步驟，也是「內觀」（Vipassana）的第一個步驟，觀察身體的姿勢，觀察身體的感受。我們用的是非常簡化的步驟。如果你真正去觀察的話，就得非常細微地去觀身體的每一個部位，例如手是如何下垂，手的每一個感受。

接著，我們將「內觀」融入了在中國和日本所教導的，把注意力放在發動呼吸的肚臍部位。在日本，冥想的法門經常和武術結合，著重於從肚臍發力。而這是源自於中國的道家及喜馬拉雅的傳承，兩者都早於中國和日本的佛教傳承。佛教在西元一世紀才傳入中國，彼時道家早已存在。喜馬拉雅傳承當然早在佛陀誕生之前就有了。道家和喜馬拉雅傳承各自發展出一套呼吸法，而兩者的法門不謀而合，是相同的。這裡所講的道家，不是當今的道教，而是原本的「道」，沒有外在儀軌，全部是內在的「道」。我們剛才做的，只是非常簡單的腹式呼吸，無法完整展現他們的呼吸法門。

然後，我們進入了「觀息」（ānāpāna-sati），觀察呼吸在鼻中的進出，這是喜馬拉雅傳承、漢傳和南傳佛教、「內觀」所共通的冥想法門。其中我們要曉得，佛教並非只有一個體系，而是分為很多不同的宗派。例如，光是禪宗又可以分很多宗派，今天較為人所熟知的有臨濟宗、曹洞宗。

我之所以知道這些，並不是因為我曾經去跟這些宗派學習過，而是從書上讀來的。我讀了很多這方面的書，因為我要知道喜馬拉雅傳承的法門在別的宗派是如何稱呼的。這就像是我開始學習化學時用的是英文書，其後我去讀德文的化學書是為了比較同一個東西在德文中怎麼稱呼，而不是想從德文書去學習化學。如同一個行李箱，在旅行世界各地之後，上面貼滿了所到之處的標籤，但仍然是同一個行李箱。這個題目非常之大，要詳細講的話，我們得用上幾個月的時間。我真希望我能夠開一門課，專講各個冥想體系的歷史淵源。

觀息法門是將注意力放在出息和入息上面，它可以去到非常細緻的地步。但是，觀息法門不是一般哈達瑜伽中的調息法，因為一般在教的哈達瑜伽沒有和冥想銜接起來。而哈達瑜伽其實是可以、也應該和冥想結合起來，這就牽涉到哈達瑜伽的哲學層面。我們學習了很多《瑜伽經》的內容，但是都沒有深入研究哈達瑜伽的哲理，建議你們先讀我那一本《哈達瑜伽》。

●吠檀多和禪宗的觀察與沉思

從觀息、觀察呼吸之後，我們接下來進入了沉思的法門。這是「吠檀多」哲派及佛門中禪宗所使用的方法。令人驚訝的是，兩者要去參究的第一個問題都是「我是誰」（ko'ham）。去參是誰在觀察？把他找出來。吠檀多和禪宗的手法非常相似。要問「我是誰」，是要去找「是誰在觀察」。要知道，大師們有時候故意讓你不安，故意激怒你，當你掉入陷阱起了情緒反應時，他就會問你，是誰在憤怒？這個憤怒的念頭是從你心中的什麼地方生出來的？去找這個憤怒的源頭在哪裡。在心中去找。有時候，弟子一去找就開悟了。

中國的禪宗典籍記載，弟子對祖師說：「我心不安，請為我安心。」祖師說：「把你的心拿來，我為你安。」弟子找了許久都找不到心，祖師說：「瞧，我已經幫你安好了。」弟子去找心，就是進入了那個問題，在問是誰在觀察。禪宗有多達一千七百個類似的問題，叫做「公案」。你們知道「禪」是什麼意思嗎？「禪」是「禪那」（dhyāna）的簡稱。禪那就是冥想。

我們現在這個地方（譯按，指的是位於美國明尼蘇達州的禪修中心）真正的名稱是 Dhyāna Mandiram，意思是「冥想寺院」。我們的組織章程就寫明了，這個單位的名稱是 Dhyāna Mandiram。梵文 dhyāna 這個字已經用了五千年，到今天都還在用。佛陀所使用的語言是巴利文，那是梵文的一種方言，而 dhyāna 在巴利文的發音就成了 jhāna（譯按，讀音為「加那」）。禪宗是由菩提達摩帶入中國，菩提達摩是印度最南方地區的人，所以中國的「禪那」有可能是由巴利文發音的 jhāna 音譯而來。禪宗給中國、韓國和日本的文化都帶來極大的影響。達摩剛到中國的時候，跟當地人不投緣，他就自己面壁靜坐，完全處於靜默中。

真正的大師透過靜默所傳導出的能量是巨大的，往往能夠帶來深遠的影響。那些說出口的字語，反而沒有這麼大的力量。禪宗的公案中，有一個是要問參禪的人，「達摩祖師為何要由西天來到中國？」（譯按，此即「如何是祖師西來意」。）要弟子去參答案，但是你一開口回答就反而錯了。當時，中國尊稱印度為西天，是佛土，也有人發願來生要投胎去西天。我可不建議你們這麼做，今天的印度已經不是當年的印度了。雖然如此，還是有很多東西被保留了下來，這是另一個話題。

所以，我們由觀察進入到沉思，而我們所做的沉思是走了捷徑。沉思有許多層次，此處我簡化為兩個層次。一個層次是屬於智性的過程，是要引導心思達至某種結論。另一個層次是「觀察的沉思」，只是提一個簡單的問題，而且幾乎不算是言語的問題，只是一種感覺，一種好奇、找個究竟的感覺，是一種要知道「我是誰」的疑情，是這樣的沉思。我們剛才沒有做那個智性的沉思，所做的是這種觀察的沉思：「念頭是怎麼來的？是誰在觀察？」我們發現，與其去觀察太多的念頭，最好只觀察一個念頭。你們明白這背後的邏輯嗎？與其觀察心中所起的那麼多念頭，最好只觀察一個念頭。

但是，要切記，在觀察的時候要保持中立，不要被捲進去，不要對身體的感受起了好惡心，不要認定它們是舒服的、不舒服的，可取的、不可取的。這是重點所在。你可以稱之為「內觀」，稱之為「瑜伽」，稱之為「證者法」（sākṣin dharma），你要成為一個中立的旁觀者。叫什麼都無所謂，重點不是觀察，而是保持中立，不要有好惡心。那些感受就只是感受。這可以說是最極致的「存在主義」，但不是那種以個人為中心的存在主義。

那些感受就只是「有」，它沒有前因，沒有後果。你認為身體中所起的感受是連續的一條長流，其實不是的。你的腦細胞每一刻都在「發射」出訊號，不停地在更新，每一刻都在送出一個更新的感受。所以，每一刻你都會有一個新的感受，它就形成了一條線。

但什麼叫做線？線不過是一系列非常密集的點所構成，而你會把這些點看成是一條線。如果你只看見點的話，就不成為線。這就是當年我接受上師啟引時所經驗到的，在接受啟引之後的三天三夜中，我完全感受不到自己的身體，我的手在移動的時候，我只見到它是停留在一個點接著停留在下一個點，而不是見到它成為一條線的移動。在此以前，我曾經在書中讀到過，所謂的流動是不存在的，只有點、點、點。到那時，我才實際經驗到這個現象。❶

問：那些點有無限多嗎？

答：不是無限，而是不可數。兩者有很大的不同。無限是無限。不可數是有限，只不過你無法數得清。

有本書叫做《靈蛇之力》（*Serpent Power*）❷，若你想要讀關於昆達里尼的書，我會建議你先從這本書開始。其中引述了，任何一個「體」，只要把它的特質、深、寬、長這四個因素予以抽象化，剩下來的就只有點。順便一提，這四個因素也就是我們在畫「曼陀羅」（maṇḍala）的圖案時所必需的資料。而我們在研究任何「曼陀羅」時，可以由圖案的中心點開始，然後向外擴展。也可以由圖案的周邊開始，向內聚攏。要研究身中的「曼陀羅」及脈輪系統，都可以用同樣的方法。

●加入咒語

講回我們剛才說到的，與其觀察許多念頭，不如只觀察一個念頭，所以我們選擇了咒語這個念頭做為觀察的對象。我們從咒語又來到沉思，是觀察的沉思，而不是智性的沉思。到這兒，觀察和沉思融合在一起。

我們前面說過，這是帶著疑情的沉思參究，最先是由達摩帶入中國，成為禪宗的手法。由中國再傳入韓國和日本。一年前，我去了南韓首爾附近的一座禪寺，我一句韓文也不會，他們也不會說英語，可是我們使用的是同一種語言，就是靜默。我跟寺院的住持一同靜坐。雖然陪同我的有一位翻譯，但是真正的溝通不需要言語。那是一次非常美好的經驗。

●捨盡一切進入終極的空

在觀察的沉思中，要問：「是誰在持咒？誰在呼吸？誰在沉思？」接著我們來到一個念頭，就是「非也」（neti），既不是這個，也不是那個。我的《瑜伽經釋論》在解釋第一篇第十七經的時候，做過詳細的討論，如果時間夠的話，我會再加以解釋。這個念頭是要捨棄一切，這就是禪宗所謂的「無心」，要超越心識，到了「空」（śūnya）。梵文 śūnya 這個字，除了「空」的意思之外，也是「零」的意思。「零」的概念源自於印度，因為有「零」，才有數學，才發展出科學。

中國和日本的佛學非常強調「空」，在印度其他的哲學體系則是用了某些不同的字眼，表面上似乎是完全相反的概念，其實都是表示同樣的東西。「空」不是沒有，不是空洞，所以我說這「空」是要空掉所有的空，連空也空。

到這裡，就超越了我們概念中的「有」、「沒有」、既是「有」又是「沒有」、既不是「有」又不是「沒有」這四種可能，超越了任何心識所能想像到的可能。到此境地，有的佛教派別稱之為「空」，有的稱之為「真如」（tathatā），它就是如此，就這樣，就是實相，沒有別的方法能形容它。它無所從來，亦無所去。

所以，佛陀的名號之一就是「如來」（tathāgata），不受限於因果。這也就是

「菩提心」（bodhi-citta），開悟了的心，就是佛心。「空」和「如來」是同義詞。終極的肯定和終極的否定是同義詞。這也是為什麼我們會發現《奧義書》中的「梵」（brahman），和佛學中的「空」非常相似。

所以，我們剛才的冥想，最後是試著超越了觀察，超越了沉思，超越了咒語，是在嘗試去到那個境地。

● 各門派的啟引

我們這次相聚的主題是融合各個宗教、門派的冥想方式。關於這個題目，我想要跟大家分享的東西很多，可惜時間有限。各個門派都有各自的「啟引」[3]方式，不同之處在於每個門派對於啟引的重視程度。

喜馬拉雅傳承在本質上是一個啟引的傳承。不過，只有非常少數的人才獲得授權，具備為人啟引的資格，然後或多或少就能在不同的情況下為人傳法，例如在一同靜坐冥想中為之，乃至在日常接觸中為之。藏傳佛教的啟引（譯按，灌頂）有外在的儀式類型，也有內在類型。我們講的喜馬拉雅瑜伽士，在傳法的時候就不講究儀式。佛教大多非常注重儀軌，但是其中也有非常少數是喜馬拉雅傳承的分支，就不需要儀軌。漢傳佛教是屬於沉思參究的（譯按，應該是指漢傳佛法中的禪宗），他們對於「內觀」的某些主張是有意見的，就不採用「內觀」的冥想法。要注意的是，我們這裡講的「內觀」是更高層次的「內觀」，不是今天在西方傳開的那種屬於初階的內觀法門。禪宗原本也是一個啟引的傳承。初祖達摩來到漢地，一路傳衣缽到六祖惠能，其後就不再有傳衣缽這個形式，因為那時禪宗已經遍地開花。可惜後來的人就認為正式的啟引傳法沒有必要。

基督教在早期也有非常強的啟引傳統，我們可以在很多早期留下來的畫作中見到，像是用光的靈體來表達。還有很多書面的記載，也提到聖靈（Holy Ghost）的光進入了耶穌基督的胸膛。我們無法一一為大家引述。

大約兩個月前，我去到義大利的聖地阿西西（Assisi），我以第一手經驗告訴你，那裡仍然是個「上師脈輪」（guru cakra）的所在地，仍然是個聖靈能觸動你的所在。在那裡，我參觀了聖方濟各（St. Francis, 1182~1226）的居所，那是一個洞穴，他稱之為牢獄，因為人類都是活在牢獄中。他睡覺的地方很狹小，必須屈身而眠，根本無法伸直了身體躺在裡面。

這又帶出另一段話，我們在義大利也去了梵蒂岡，在進去使徒聖彼得教堂之前，我脫口說出：「我們可能會見到聖彼得在做倒立的體式。」我不知道自己為什麼會這麼說。結果導遊為我們介紹，才知道原來聖彼得是頭下腳上被倒掛著釘在十字架上的。他們解釋，這是聖彼得自己提出的要求，因為聖彼得認為自己不比耶穌基督，不該用同樣的方式釘上十字架。可是，我認為那不是理由，真正的原因是聖彼得知道如何用倒立的方式讓生命脫離身體的過程，才會提出這個奇特的要求。

以後你們看西方早期的基督教繪畫，注意去找那些從天上射下來，或是在樹梢之間射下來的光線，那常常是在表徵啟引。

另一個表徵是鴿子，代表了聖靈。因為聖若望在為耶穌洗禮的時候說，聖靈有如鴿子到來。這可以視為一種測試，如果真的是聖靈降臨，會有如鴿子一般溫馴。光明的到來，不會讓人激動，不會引起劇烈的情緒起伏，不會造成身體不由自主的擺動，不會開口說個不停，不會有這樣那樣的戲劇性反應。聖靈就是我們所說的「金胎藏」（hiranyagarbha），是最原始的上師。

啟引可能是由一位在世的、具有身形的上師為之，也可能是由已經不具有身形的上師為之，那就是使徒聖保羅就是在前往大馬士革的路上所受到的啟引。

●咒語與持咒

至於咒語，其實在基督教、穆斯林、佛教、印度教都有持咒的傳統，我不知道為什麼有的人對「咒語」這個名詞如此忌諱。例如基督教，特別是東正教的傳承，有一個〈耶穌禱文〉（Jesus Prayer）❹字句非常簡短，主要是在誦念耶穌的聖名祈求庇護，要不停地誦念。至於誦念的方法也有許多講究，可以配合呼吸為之，可以配合特別的節奏，可以大聲唸出，可以低聲唸，可以只在唇齒間誦唸，可以默誦。這跟我們講的持咒方法何其相似，但是他們特別強調這不是種咒語！我不明白為何要如此顧忌？

我在報上讀到，梵蒂岡天主教教廷在一九八九年十二月十四日發了一份關於信念的聲明，是屬於教條方面的，聲明中譴責了瑜伽及禪定冥想。關於瑜伽，報導中說，瑜伽會造成崇拜肢體的邪風等等。

我的態度一向是不要只看單方面的報導，不要讀別人解釋原書的書，要讀原書。不要相信別人對於某個陳述所做的陳述，要看原始的陳述。於是，我透過朋友，取得了教廷所發的聲明，但仍然是英文的翻譯本，為了防止翻譯有誤，我又要求提供拉丁文的原件，到了四月，我才有機會讀到這份聲明的原件。

首先，聲明所針對的有瑜伽、禪宗及東正教。東正教特別是指「靜默祈禱」（Hesychasm）、〈耶穌禱文〉、「心禱文」（Prayer of the Heart）、《慕善集》（*Philokalia*）等等的靈修方式。看來，可能是因為有些教友想要深入冥想禪定，而在瑜伽、禪宗、東正教的教導中，找到了自己想要的東西，所以教廷要發這個聲明。但是，西方主流媒體的報紙中，只提到聲明中譴責瑜伽和禪定，卻完全不提東正教。為何故意省略東正教？因為東正教在美國有一定的信徒和影響力，西方媒體就不去碰這一塊。那為何教廷要譴責東正教？因為隨著東歐逐漸開放，天主教開始要和東正教角力的緣故。

避開政治立場的部分，我們要檢視一下那份聲明的原文，因為極少人去讀原文，所以不明白譴責的理由究竟為何。原文說，「近年來，由於和其他宗教的交流漸趨頻密，很多教友接觸到一些不同的修練和祈禱的方式，開始自問那些非基督教的冥想法對於基督徒有何影響。問題特別是關於某些源自於東方的修練方式，今日有些人為了治療的原因而求助於這些方式。現代科技進步的社會造成了人生的不安，也驅使某些基督徒想從這些祈禱的方式，尋求內在的安定及心理的平衡。」原聲明就沒有再細說心理的方面。

「絕大多數偉大的宗教對於如何做到與神合一，都有自己的方式。如同天主教不會否定這些宗教中的真理和神聖的部分，同樣也不會因為他們不是基督教而否定這些修練的方式。恰恰相反的是，只要在不違反基督教教義的理念和要求的前提下，可以採行這些修練方式中有用的部分。」你深入讀原文，就會發現新聞媒體報導的斷章取義手法。

至於媒體說的崇拜身體的邪風等等，原文是這麼說的，「人類的經驗顯示，身體的姿勢和舉措會影響到心靈的喚醒及傾向。這是個事實，有些東方和西方的心靈作家，已經注意到這個方面。在祈禱的時候，必須是要整個人在與神交往，所以身體就必須採取某個最適於喚醒心靈的姿勢。」

我建議你們去讀原文。這也是為什麼我不看電視的緣故。像我讀報紙，不是因為我想知道發生了什麼事，而是想從那些被扭曲的新聞報導中，知道未來將會發生什麼事。如果他們開始對某個國家做出很多負面的報導，我就知道有可能是美國中情局想要在那個地方策動什麼變局。他們先從輿論下手。無論是正面的還是負面的字語，背後都還有很多沒有寫出來的，你讀來要非常小心。上面所舉的是便其中一個例子。

再講到呼吸的部分，我原本以為只有東正教，例如在從事「靜默祈禱」、靜止，才會用上呼吸的法門。而那份梵蒂岡的聲明中特別提到了聖依納爵（St. Ignatius of Loyola，譯按：十六世紀西班牙神學家、神祕主義者），我才發覺自己以前沒有認真去讀他的著作。其實，他講述了好幾個配合默誦禱文時的呼吸方法，以及在默誦時要有的心態。

我還有好多想講的東西，今天的時間到了。謝謝大家。請細細沉思，享受這裡的靜默。就用幾分鐘時間繼續坐在你的位子上，看看你能否直接去到我們講的那些各派法門的融合之處，去到那神祕又神聖的靜止中。

願神祝福大家。

第二堂課

我們以前講過，所謂熟練、精通某個功夫，在我的定義是能做到可以隨意進入到那個境地，而無需先做前面的準備步驟，要能夠毫不費力、無需準備地做到。你要記住自己曾經體驗過的內在最深沉靜止的境地，要能夠直接去到那個境地，而且能停留在那裡。現在就定在那裡，如果調整自己身體的姿勢能有助於你定在那裡的話，現在就稍微調整姿勢。

冥想導引

調整好了姿勢，再次進入那個內在的靜止，停在那裡。在那個地方觀察你的身體。觀察整個身體。先觀察身體的整個表面，前面、後面、兩側，觀察到它們全部是一個單一的個體，同時去經驗到整個身體的表面。

以一個中立見證人的觀點，去觀察每一個覺知、每一個感受。不要去評價所觀察到的一切，不要貼上標籤，評判這個是舒服或不舒服的，是喜歡的或不喜歡的，是善的或惡的。不要從感受上生出任何想法，除了觀察之外沒有任何其他想法，不要對它起任何情感、情緒、反應，心中一絲反應的波紋都不起。就只是單純地覺知，有如一個中立的見證人在覺知、觀察。觀察身體上每一個緊張或放鬆的狀態。觀察到每一個輕微的動靜。

觀察呼吸律動帶來腹部的動靜。隨著腹部的律動而觀察呼吸的流動，它是如何、從何處、何時開始的。它的流動狀態如何，是雜亂還是勻稱，是短還是長。呼與吸之間不要停頓。

觀察呼吸在你的鼻孔中流動的情形。只是觀察就可以。觀察它的起始、結束，它的過程、它的狀態、它重複的起始和結束。

去看是誰在呼吸。去看是誰在觀察。任何念頭來到的話，就去觀察念頭的生起，它的消失。沒有評價，沒有感情，沒有反應。不是前一個念頭生出後一個念頭，觀察後念不是隨著前念而起，其間沒有關聯，不成為鎖鍊。觀察連那個在觀察的念頭本身，也是在心中生出又消沉。

現在用單一的念頭取代所有的念頭，也就是用你的咒語去取代所有的念頭。

觀察咒語不停地在轉。保持觀察。看是誰在觀察。去找那個在觀察的心。無論那個在觀察的心觀察到什麼，讓它保持中立，不要把它的經驗和任何評價、任何反應連結起來，也不要把前念和後念連結起來。每一個觀察的念頭都是分開獨立的。此時只有觀察這件事是連續的。

這不只限於你所觀察到的念頭，任何觀察到的感受都一樣。如果你感到皮膚的接觸，它就僅止於此，沒有別的。如果你的眼睛覺知到光線，那個覺知就停在那裡。不過，是誰見到眼睛內形成了一個相？眼睛見到了一個相，又是誰在見那個見到相的眼睛？去找是誰在見眼睛。有個相落在眼睛裡，是誰在經驗眼睛所見到的相？你現在聽見落在耳中的音聲，那是耳鼓中的振盪，是誰知道耳鼓起了振盪？去找那一位。去找那個觀察者。

你現在去找那個能覺知到所有感受、所有念頭的中立觀察者，你只會找到自己的心。接著就進入那個所有感受、念頭的共通地。就只進入到心中，那裡可沒有它自己的感受和覺知，它不會沉浸於所吸收到的感受、念頭，不會沉浸於對那些感受、念頭所起的反應，它唯獨是心的原本狀態。

要知道，你現在是在用那個本心在觀察心。

要知道，是這個本心讓自己起了些許波瀾紋理，所以這個觀察者才會有那個觀察的過程。因為如此，它才將自己擴展生出來能聽的功能，它才從自己裡面生出來能見的功能，它才生出來所有的感覺功能，將所有這些感覺功能發射出去，從而生出了各個感官，各個「根」。所以眼、耳、鼻、舌、身這些感官，這些「根」，都是生於心。然後，各個感官依本自的功能需要，才形成了各自在生理上不同的器官，來接收外來的感受，所以形成了能看的眼睛、能聽的耳朵、能聞的鼻子、能嚐的舌頭、能觸的身體皮膚。

既然所有的感受都是由心所生出來的，由心而有，你就不要讓心受制於它所生出來東西，所以讓心做一個單純的中立觀察者，你就只待在那個本心。到此，心才開始不去尋覓及接收任何所觀察的對象。

然後，連心也放下。只有一片無垠的空間。讓「識」（vijñāna）布滿這個空間，這個無邊空間的「識」，成了你的身。這個「識」，它是一切認知的根本，沒有任何變易，就只是個「在」。

現在，連這個也放下，因為到此只有「空」，無有。

但是，因為你的心仍然抓著「沒有」的觀念，就要把這個「沒有」也放下，這個觀念一定要放下。

沒有「沒有」，也沒有「有」。那就是「阿特曼」（ātman），就是「梵」（brahman），既無法穿越，又是超越的。

然而，你仍然停留在心的世界層面，沒有接觸到這兒，沒有接近到非空非有，沒有接近到不是有也不是沒有，沒有接近到一切認知之本的「識」，那無垠的空間。所以，你還只停留在所習慣的那個心的境地，那就會再讓心生出色、聲、香、味、觸這些感覺功能，再去探索外在的世界，所以形成了眼、耳、鼻、舌、身的感官之根，成為各個負責不同功能的生理器官。

保持作為一個中立的見證者，來到這些感覺功能，來到那些感覺功能的感官。觀察，不要去評價。觀察身體上的動靜，輕輕地用雙掌蓋住你的雙眼。觀察你的心在感受眼睛感官，感受眼睛的睜開，觀察睜開眼睛的過程。觀察那個過程，同時輕輕將雙手放下。

我雙手合十當胸，頷首行禮。以我心胸中所有的愛，以我手中所有的行動，以我頭中所有的思想，我為各位獻上來自喜馬拉雅傳承的愛，向各位內在的神性頂禮。願神祝福大家。

今天繼續昨天的題目講下去。昨天有人問，基督教徒所經驗到的，是否和證悟自我相當？這是一個不太容易回答的問題，因為後世的基督徒刻意把基督教理埋藏在大堆的神學公式下，你必須是一位基督教神學的考古學家，才能在古老的廢墟中挖掘出真正的教義。這是一個不幸的情況。

你是否知道，在世界性的宗教中，最大的不幸是沒人意識到，所有耶穌基督口述的原句，除了一句話，其他通通沒有被保留下來。耶穌基督的原句中，唯一被保留下來是這一句話：「Eloi Eloi lama sabachthani?」它可以翻譯成：「天父，天父，您為何棄我於不顧？」耶穌基督說的是亞美尼亞語，除了這句話，沒有其他使用亞美尼亞語的口述被保留下來。他的教導先被翻譯成希臘文，再輾轉翻譯成別的語言。而西方的格言說，「翻譯就是一種背叛。」雖然教會堅持主張耶穌基督的教導已經被忠實地翻譯出來，可是究竟哪一份才是忠實的翻譯？所以我們很難如實肯定基督教信仰體系的真面目。

基督教經過許多世紀的分化，分裂成許多派別之後，如今似乎又重新發現了內在靈性的主流。我上一節課提到教廷發的那份聲明，就是一個例子。聲明中肯定了東正教冥想祈禱中使用的心理和身體的象徵形式，是西方基督教祈禱中所欠缺的。

這可是一個不小的表白。這些象徵形式，包括了祈禱時採用特別的身體姿勢，以及要和呼吸乃至於心跳結合。例如，我在上一堂課提到東正教的〈耶穌禱文〉，在持誦的時候就要配合呼吸的自然韻律，對很多人會有很大的幫助。

不過，做〈耶穌禱文〉的東正教大師也表示過，不是每個人都適合或能夠用上這些姿勢、呼吸等等的形式。他們說的正是我們所謂的「品」（adhikāra）的問題，也就是適格，具備資格。不是每個人都能夠由物質、外在的形式，進入到所追尋的靈性真實。

不恰當、不正確的理解形式，就容易變成偶像崇拜，從而阻礙了靈性的昇華。在祈禱時，能完全覺知自己身體姿勢所代表的形式意義，是非常困難的。它容易淪為對身體的崇拜，迷信身體的感受，把它當作是靈性的經驗。所以，教廷要警告信徒小心為之。那也是我一向給大家的警告，每當我說：「不要把某些特殊的感受誤認為是昆達里尼被喚醒的現象。」就是在給出相同的警告。

●南傳佛法的內觀法門

在南傳的佛教有一種苦修的方式叫做「頭陀行」(dhūtaguṇa)，很多北傳的佛教徒則會認為太過極端而不認同。譬如說，為了要斷去對這個身體的執著，斷去對感官之樂的執著，他們教修行人做種種不淨的觀想，觀想食物吃進去以後在體內變成的形狀。如今傳播到西方的「內觀」(Vipassanā)派別，就不會教初學者去做如此的觀想，因為現代西方人無法接受。

即使在佛陀的時代，有些弟子都無法修不淨觀。佛經中就記載了這樣的故事。佛陀有兩位大弟子，舍利弗和目犍連，他們的年紀都比佛陀大。其中一人收了一名弟子，就教弟子做不淨觀，觀想身體中的各個器官汙穢的樣子。

其實有些這種苦修的方式在基督教中也有，例如所謂的沙漠中苦修的神父，雖然他們有很高的成就，但是我不得不說我無法認同他們終年不洗浴的行為。想像一下，穿著厚重的駱駝皮毛衣待在沙漠中是什麼情景。我不認為這對靈性有所助益。

講回那名做不淨觀的弟子，他怎麼觀也觀不起來。最後他的老師只好帶他去見佛陀。佛陀知道這名弟子多生以來都是一名珠寶匠，習慣看美麗的東西，所以就讓他去凝視一朵美麗的蓮花。然而，這朵美麗的蓮花不出幾分鐘就在弟子的眼前完全枯萎，像是縮時攝影的片段，終於讓弟子由此領略到「諸行無常，諸行皆苦，諸法無我」（sabbe saṅkhārā aniccā, sabbe saṅkhārā dukkhā, sabbe dhammā anatta）的道理而開悟。

你眼睛所見到的每一樣東西都在壞滅中，不過你無法看出東西在壞滅，因為你執著於所認知的真實，可是還有其他的真實是你不肯認真看待的。你們聽我講這一類的故事，認為不過是神話。你能聽得懂，但是信不過。而我信，它們對我而言是真實的，你們不會信我所認知到的真實，可是我沒有如佛陀的本事讓你見到、體驗到，所以我只有保持緘默。我對成人保持緘默，不過我會樂於為孩子們開口。

《聖經》中也有很多這種「神蹟」，耶穌能用區區幾塊麵餅給好幾千人的群眾進食。這可能嗎？是真實的嗎？那就是在展現變易無常，而你們只認為自己認知的常態為真實。如果你們想要在靈性上有所進展，就得認真對待與自己認知不同的真實，要改變自己的心態。也許有一天你會經驗到那不同的真實，那最終的真實，而不是局限於事物的表象型態。

有一個寓言故事說，一名智者穿著破爛的衣服前往參加盛宴，主人嫌他衣衫襤褸。於是，他換了一身華麗的衣服，這一回主人待他如上賓。席間，智者將食物放入衣袖，餵衣服吃，因為主人請客的對象是衣服。這個故事好像在許多不同的文化中都有流傳，一個版本是智者，另一個版本是僧人，其實都是同一個故事。

「持咒」（japa）也是如此。很多文化和宗教中都有這個行為，有出聲的、有默念的，有配合呼吸的、有不配合呼吸的，有使用念珠的、有不用念珠的。持咒在我們傳承來講當然是以默誦為佳，你越是深入的話就會變得越安靜。至於念珠是很多不同的傳承和宗教都會使用的。西方的靈性傳承很早以前就使用念珠，叫做 rosary。很不幸的是，那樣的西方文明已經不存在。如今的念珠成了「忘憂珠」（worry beads），主要用來放鬆或活動手指，已經失去了其中靈性的要素。你們西方人士應該要恢復自己以前的文明，把忘憂珠變回到念珠。

由持咒講到咒語。咒語也是在每個傳承都有。佛教南傳的系統稱作「上座部」（Theravāda），意思是上座的長老之法，他們認為自己是原始的佛教。北傳的佛教則自稱是「大乘」（Mahāyāna），大的車乘，而貶抑南傳的系統稱他們為「小乘」（Hīnayāna）[5]。宗教裡面往往門戶之見更深，不但佛教如此，基督教也如此。南傳的佛教雖然完全否定咒語，但還是要恭敬地重複誦念某些語句，例如「皈依佛，皈依法，皈依僧」（Buddhaṃ saraṇaṃ gacchāmi Dhammaṃ saraṇaṃ gacchāmi Saṅghaṃ saraṇaṃ gacchāmi）。但他們在靜坐的時候是不用咒語的。

內觀屬於南傳佛法的體系，其修行法門包含了許多步驟。在佛法的修行中，首先要做到的就是要能持戒。如果僧人犯了戒，在佛門中（特別是北傳的佛法）是要坦白懺悔，叫做「發露」，要公開坦承，這是個非常重要的手段。

內觀的基本教科書是《清淨道論》，書中第一品就是說「戒」，這如同瑜伽修行首先就是要奉行「夜摩」的戒律，以及「尼夜摩」的善律。第二品是說「頭陀品」，講種種刻苦修行的方法，對大多數現代人是非常難以做到的。其後還有說「不淨品」，觀想身體腫脹腐爛的不淨之相，也是不容易，也許不適合讓每個人都走這種修行法門。我們要記得，佛法的教誨和修行，最初是為出家人而設的。佛陀接引了成千上萬的弟子出家，成為僧眾。至於在家眾則是處於外圍，只需要遵行某些基本的教誨和修行。

內觀修行再進一步則是要認識「名色」（nāmarūpa，也可譯為「名相」），而要跳出「名色」。《奧義書》也說一定要超越「名色」。然而，如今的西方人士是幾乎不可能進入「無色定」（arūpa-jhāna），這其中又分為四個主要階段，每一個階段內又可以再細分為四、五個步驟。有很多人年復一年地修習內觀，參加過許多長期的靜修活動，但終究覺得無法再進一步。

近年傳播到西方的「內觀」，是要你由觀察開始。在靜坐時，你要觀察身體中所起的一切感受，以及心中所起的一切念頭。你要一直坐著觀察，而且要遵守一條基本的原則，就是不要對這些感受或念頭給予任何評價，不要有這個是好的、舒服的，那個是不好的、難受的種種反應。問題是，一般初學者很難對自己所經驗到的這些感受，保持中性旁觀的態度。所以我發現，他們持續觀察自己身體經驗感受的結果，反而變成了執著在那些感受經驗上，很少人能跳得過去。這也正是我們教人練習昆達里尼時要注意防止的，因為很多人會被身體的感受所吸引，像是感受到電流、心輪能量，注意力就集中在那些感受上了。我們會告訴他們，放下這些感受，把注意力集中在別的地方。

雖然如此，好在內觀的法門仍然是以呼吸覺知為主，由此再去觀察隨著呼吸而起的其他感受。如果你做得正確如法的話，不用多久就可以跳出「名色」，就不再會執著於感受所起的經驗。這個教法是沒有問題的，不過，我發現為數甚多的現代西方及亞洲人士在走這個法門的時候，就是無法跳出感受的領域，因為沒有給他們別的對象去專注。

瑜伽的方法則是，如果你想要越過某個東西的話，就不要專注在它上面。如果要你在冥想的時候不去想猴子的話，就把注意力放在任何別的東西上，只要不是猴子就行。否則，你就會一直見到猴子。如果你集中注意力的對象是猴子的話，你自然跳不過去。所以必須要給你別的專注對象。因此，內觀法門的一個明顯的失利，就是不去使用咒語。這是我的看法，不是批評，也沒有爭論的必要。倡導內觀的大師已經到了相當的修行高度，這一點毫無疑問。可是，學生是否有本事跳出那些他們所觀察的身體感受及念頭，就很有疑問。因為如此，我個人還是比較偏向北傳佛法的修行方式，他們和喜馬拉雅瑜伽傳承非常接近。

●北傳佛法的觀修法門

北傳的佛法中有一個特別的支流，就是密法的「金剛乘」（vajrayāna），這是一條電光之道，今日主要流傳在西藏地區。它也可約略分為內外二層。外層的重儀軌，你們可能見過西藏的僧人在作法儀式中，手持銅或金或銀所製成的象徵電光的金剛杵法器，那是在表達某些內在的言語。金剛乘的內層則完全是怛特羅密法（tantra），它所側重的部分雖然有少許變動，但是整個系統不外乎是一個脈輪的系統。它的觀修法極為複雜，初學者縱然能夠完成口誦的儀軌部分，也不可能做到內在的觀想。你們見過西藏的唐卡繪畫就會明白它有多複雜。請不要把唐卡看作是一門藝術，我絕對不會當它是藝術品。它是用來觀修的。

我們可以用「時輪」（kālacakra）的唐卡來做例子，大家看現在投射在銀幕上的是一幅時輪的相片。想像一下，要把整個圖像濃縮在你某個脈輪的中心點那裡，還要鉅細無遺地把它觀想出來，是多麼不容易的事！你的心念必須要能無比地專注。（譯按，此處斯瓦米韋達用了好幾幅時輪的細部幻燈片，為聽眾介紹其中所象徵的意義。由於譯者沒有圖片，無法跟隨他的講述，而且錄音也有中斷，只有略去這一段的翻譯，請讀者見諒。）

例如，你書寫藏文或梵文的一個字母，要把字母觀想成一個點。那個點有一個特殊的顏色，把那個點，也就是那個字母，置於某一個脈輪中。譬如說，我們用 laṁ（梵文是 लं，發音為朗）這個種子字音，將這個字置於脈輪中。字母的尾音 ṁ 是用一個點來表達，這要在梵文字型中才看得出來。觀想在那個點裡面，寫了一整個咒語，它擴展成一個專屬的揚特拉（yantra）圖形，有特殊的代表顏色。然後，你要能同時觀想到每一個脈輪中有它自己的點，點中有各自的咒語，有各自的揚特拉圖形，有不同的顏色，這些都要在一瞬間同時觀想起來。如此細緻的觀修法，就是金剛乘的法門。我在下一堂課還會為你們介紹「真言乘」（mantrayāna，咒語乘）。

第三堂課

我先回答一、二個問題。我在第一堂課提到自己去梵蒂岡參觀，看到使徒聖彼得是以頭下腳上的方式，被倒著釘在十字架上而亡。有人問為什麼。我的看法是，當時羅馬人不會允許他用坐著禪定的方式離開身體，所以他選擇用倒立的方式妥當地離開身體，應該是不得已之下做出的選擇。

還有一個問題是問上次提到的「無色定」，這是定在無相中。首先，我們要明白什麼是「色」，梵文是 rūpa，就是相、形象、相貌、形狀。你就會以為是眼睛所見到的才算，然而並非如此，內在的，眼睛所見不到的也是「色」。一切外在觀想的對象固然都是「色」。例如，南傳佛法的《清淨道論》中提到觀想「十遍處」（又名十一切處）的：地、水、火、風、青、黃、赤、白、光明、虛空（譯者按，也有以「識」取代光明）。身體，這個粗身是「色」，細微身（精身）是「色」。氣是「色」，連心念思想也是「色」。❻ 許多這種需要親驗的形而上的字語，跟我們日常用語的意義是不同的。

又如所謂的「空」（śūnya），不是虛空，不是空間，不是你能坐著想像出來的。佛法中的「空」是個「進展」，是由「非此、非彼」的原則（neti neti）進展而來。我的那本《瑜伽經釋論》，在闡釋第十七句經時有講到「非此、非彼」，就是在各個層次的三摩地，當你所專注的對象由粗大的一直到細微的，每當你精通了某一個層次的三摩地，徹底明白這個所專注的對象，知道了它的本質，知道它並非真實，並非永恆，所以你就能捨棄它，知非即捨，進而再專注於更精微的對象。如此逐漸由「有尋三摩地」（savitarka samādhi）進展到「有伺三摩地」（savicāra samādhi）。請各位去找出來讀，這裡無法詳細介紹。到這個階段，與佛法的用詞相同。

再進一步的話，就到了佛法的「無色定」（巴利文為 arūpajjhānasamādhi），內觀的最後步驟。除非你已經修成了前面的步驟，否則是到不了這個定境。無色定的第一個階段是佛法術語「空無邊處」（ākāśa-anantya-āyatana）的定。在《瑜伽經》中，第一篇第三十六經也有講這個境地，不過用了不同的名稱，叫做「無憂光明境」（viśokā jyoti matī）。那是個在心窩中無垠的空間，感覺如大洋一般的空間意識，沒有內，也沒有外，到此哪有內外？在什麼之內？在什麼之外？因為你已經放下了色界，不再有形象的世界，你原本抓著不放的身體就是個大的色界，既然放掉了，何來身體的內外可言？只要你心中還有這樣的觀念設定，而想要在身體內去找它，你就走錯路了。如果你說，我要讓心往內深入，你就走錯路了。

這就像是禪宗的公案，弟子問師父：「什麼是佛性？」師父回答：「庭前柏樹子。」弟子就要去參這個回答。假如弟子坐在庭前對著柏樹凝視，意圖得到啟發的話，他就走錯了路。柏樹哪裡能用來形容佛性？每個人對這個公案都有自己的解釋，譬如有一個解釋說，兔子爬到柏樹上，老鷹和狗都想獵兔，狗只會不停地繞著樹打轉，最後兔子被老鷹獵到。佛性就是你繞著打轉卻始終得不到的那個，所以它和柏樹完全無關，師父把柏樹換成桑樹也一樣。

這就是公案的作用，答案不在那明顯的、有表相的東西，你要從別處找答案。你一定要跳過言語文字所能表達的意境才行。

所以，根據佛法的話，要經過了四禪，就是過了四個禪定的階段以後，才來到了無色定的「空無邊處」。作意（集中注意力）於虛空，將無邊虛空布滿自己心中，心念能去到多廣就多廣大，不要去想這個有形的身體，不要去想有形的世界，心中唯獨存在虛空。這是無色定的第一個定。其次將「識」布滿這個無邊虛空，其中沒有字語，空和識合一，是第二個定，叫做「識無邊處」（vijñāna-anantya-āyatana）。

再來，連對空和識的作意也停止，到了無所有，因為空仍然是個觀念，識仍然是個觀念，所以都要放掉，這就是第三個定「無所有處」（akiñcanya-āyatana）。最後第四個定是「非想非非想處」（naivasaṃjñāna-asaṃjña-āyatana），既不是「有」也不是「沒有」。這是無色定的四種定。你有了這些觀念也沒有用，試圖去理解它們是連邊都摸不著的。只有在走過前面的步驟，你的心能一步步解開以前的那些觀念設定，不再受以前那些階段所認為的真實境地所影響，才能來到此處。❼

那麼以前那些階段的真實境地，在此後如何呢？《清淨道論》用了一個譬喻來解釋。威風凜凜的國王，乘坐大象巡視自己的都城，他來到一間珠寶工匠舖。國王對工匠的超高手藝非常激賞，對他們多所讚美鼓勵。然而，國王是否會動念放棄王位而成為工匠？這就是更高境地的真實與較低境地的真實之關係。

這個是漸進的修行。而在禪宗有所謂的「頓悟」，能瞬間開悟。有的頓悟是祖師用上了非常激烈的手段，像是棒喝，讓弟子開悟。瑜伽傳承則是採用不同的方法，是用「啟引」讓弟子跳過斷層，做出大躍進。在沒有啟引的傳承中，禪宗的頓悟手法會比較有用。如果弟子想要不循序漸進地憑空飛越，必須有強烈的悟道心力，以及已經完成嚴厲的自我淨化。一般人不明白什麼是我所說的嚴厲自我淨化。假如說，現在在場的人中，有人突然憤怒地衝過來，無緣無故地大力打我一個耳光，而我眼中對他的愛意絕對沒有絲毫改變的話，那就是淨化。我心中要能夠沒有生起些許的詫異、憤恨的念頭，我心中的湖面連一絲波紋都不起，我仍然能如前一般擁抱此人，不多一分也不少一分。不多不少，不少是當然。不多，是因為如果多了就意味著有不同，有什麼特殊原因。

在我家中，我經常告訴家人，自己有一天會出家。有一次，我逗稚齡的兒子說：「等到爸爸出家了，以後你要來見我，就需要先得到我的上師斯瓦米拉瑪同意。」誰知他回我說：「爸爸，你以前說過，出家的人就沒有任何特殊的親情，對所有人都一樣。別人來見你不會需要斯瓦米拉瑪的允許，如果我需要得到允許的話，豈不是說對我就不一樣？」真讓我無言以對。

所以，不多不少，就是事前事後都沒有任何不同。心中沒有任何波紋，沒有些許念頭。你會說我是在抑制憤怒。不是的。你要先有憤怒，才有抑制可言。假如沒有憤怒，何來抑制？明白嗎？淨化了，就是你對身體的認知變得不同了，打耳光是一個外物觸及另一個外物，你不會因此而有憤怒的感覺。我用手中這本書去敲擊那本書，是否會讓書生起憤怒的感覺？靈性已經遠遠越過了生理的情況。雖然這並不是我們今天要講的主題，不過它很重要。

（此時有學生提問，問題沒有錄下來。）

（答）那就沒有恐懼。因為恐懼意味著對死亡的恐懼。而如果已經悟到靈性是不朽的話，觀念中就沒有死亡，那何來恐懼，哪有憤怒？

隨著靈性悟到這些事實，心理的淨化會自然發生，而不是由於在心理下了什麼功夫，做了什麼設定而來，它自然就會發生。由於靈性的開悟，心就得到洗淨。以往的設定就起了改變，就被移除。因此，假如聖人被賞巴掌而沒有任何異樣表情，心念也沒有任何改變，你對他說：「噢，天哪！你真是位聖人！」他會說：「什麼？怎麼了？」因為他根本不覺得有什麼好大驚小怪。實情是他真的不解。對他而言，別人異樣的反應反而才奇怪。

所有這些冥想的傳承都有共通之處。例如，不淨觀，觀想身體的汙穢不潔，可以跟《瑜伽經》尼夜摩第一條善律「潔淨」（śauca）相提並論。

我可以非常有自信地說，任何我所接觸過的冥想派別、冥想方式，都可以在《瑜伽經》中找到對應之處。

●佛教與咒語

佛教中使用咒語的派別叫做「真言乘」。我說過，在所有南傳佛教的修行法門中，咒語是最弱的一環。雖然弱，但不是完全不存在，因為他們對佛經的禮敬程度，不亞於其他派別對咒語的禮敬程度。而在北傳的藏傳佛教，幾乎沒有修持能夠不配合咒語為之。

把真言乘傳到中國最偉大的祖師有三位，他們是開創唐密的大師。第一位是善無畏（Śubhakarasiṃha）大師，他曾經在北印度的那爛陀大學學習，為佛經寫過論，經由陸路來到漢地。一行禪師是他在漢地的弟子。第二位是金剛智（Vajrabodhi）大師，他由海路來到，將大量的密法和咒語的經論翻譯為漢語。第三位是不空金剛（Amoghavajra）大師，他是金剛智的弟子，隨著金剛智來到漢地，協助金剛智的翻譯工作，做了很大貢獻。

其後在第七世紀末期，來唐朝學習的日本僧人空海大師，將唐密帶回日本創立了真言宗，主要寺廟是東寺，所以也叫做東密。日本還有另一個也是以咒語為本的密教，是屬於天台宗，叫做台密。空海大師圓寂後葬在高野山。葬於群山環繞之處是印度的傳統，有時你去到印度山中的寺廟，會發現寺廟是按照揚特拉（yantra）

圖形分布而建，環繞的群山是蓮花的花瓣，寺廟居於蓮花的中心。有很多寺廟都是依照這個原則而建。高野山的核心點是空海大師的紀念堂（譯按，可能是壇上伽藍），周圍有八座山峰，象徵了佛教胎藏曼荼羅（maṇḍala）的八瓣蓮花。大師的原始墨寶都還保留在該地。此地仍然是日本真言宗的聖地。

不過，咒語傳到了漢地，再傳到韓國、日本，就出現了一個問題。因為用漢字來音譯外文咒語，就失去了原音。連如今流行於西方的「超覺冥想」也有這個問題，有許多學習「超覺冥想」的朋友來找我矯正他們領到的梵字咒語發音。傳咒語給他們的老師，教了咒語之後就離開，這些學生依照自己所聽到的聲音，用英文字母盡量把咒語拼音記下來。我讓他們把咒語念出來，一聽就知道發音錯了。

在臺灣，我遇見很多佛教的出家人，他們開口講話往往會先說「阿彌陀佛」。阿彌陀是一位佛的名號，意思是無量光。阿彌陀佛的梵文是 amitābha buddha，他們用今天的漢語發音，就省略了幾個音節，也和原音不盡相同。而完整的梵文咒語是「南無阿彌陀巴亞」（**namo amitābhāya**）或是「南無阿彌陀巴佛陀亞」（**namo amitābha buddhāya**），意思是「我頂禮皈依無量光佛」。日本和韓國的佛教徒也常誦念這個咒語，他們同樣是依據自己的字語發音，也都同樣「走音」。我聽了只有搖頭嘆息，你能怎麼辦？我無意批評，只是無奈。

其實，空海大師以及他的弟子們對咒語的學問下過很深的功夫，是依襲了印度傳統的語言學問，他們留下的著作值得學習。我手邊就有一本名為《日本真言宗史》❽的書，作者是現代學者山本智教，是講述日本真言宗歷史非常好的一本書，你們可以找來一讀。

我去到這些地方，聽他們用自己的語言誦念時，往往可以聽出一些字。最常聽出來的字是「南無」，梵文是由 namaḥ（南嘛）因為連音規則而轉成 namo（南摩）。

（學生提問。譯按，問題沒有被錄下來，但可能是問咒語讀音不正確是否會不利於持咒之人。）

（答）它仍然能夠表達虔誠的心念，而且也可以用來集中心念。我會說，它並不會不利於持咒的人，但是無法準確地帶來正確咒語所具備的一切。

你們現在看見我在屏幕上展現的是一句梵文咒語，原文下面是用漢字寫的發音。不過，這個梵字是一種叫做「悉曇」（siddhaṁ）的字體。梵文的字體起碼有三十種，印度就有好幾種。西藏、緬甸、泰國、老撾、柬埔寨這些地方的書寫文字，都是由梵文字體演變而來。當年由於中文字體無法準確地用於音譯，所以就引入了悉曇字體來書寫咒語，隨後傳到韓國和日本。今天在日本密教聖地高野山寺廟中，你仍然可以見到僧人學習悉曇字體。我在首爾市外的山上見過一尊在岩壁中雕出來的佛像，上面就有一個悉曇體書寫的咒字「hrīṁ」，我能夠認出來，那是一個非常普遍的密法的種子咒，我們也常把這個咒音傳給人。

所以，咒語這門學問其實傳播極廣。佛教、密教、喜馬拉雅傳承有許多咒語是完全相同的，但是在解釋上可能會有些出入。在我那本《咒語和冥想》❾書中，對幾個咒語的解釋，是跟其他傳承完全一致的。

我現在舉一個咒字的例子，這是取自山本智教那本書。梵咒「hauṁ」（譯按，漢字寫成「吽」，梵語拼音似乎也寫作 hūṁ），是藏傳佛教中非常重要的一個咒字，應該也傳到了蒙古和漢地。它是由 ha（訶）、a（阿）、u（汙）、ma（摩）所組成，其中每一個字母都有非常深奧的意義。我們只舉第一個字母「ha」（訶）為例，其餘的略過。我略微將書中的解釋讀給大家聽，你們看看能否聽得懂：

鏡中影像所反映的物件是因，其他都是緣。影像出現在鏡中是有。但是，人無論如何嘗試都無法抓住影像，所以這麼說它又是無。有和無都不存在於鏡外，因此它們是一。這個一就叫做中。佛道是中道。有、無、中本不同，然而在鏡中是同。同理，禪定是因，三密或三身是緣。諸天顯像於曼荼羅中。他們是有，若去尋他們則不可得，所以是空。有和空僅在法界內，法界內也有中。有、無、中三真理非同而同，非異而異。「訶」字象徵萬法所生之因，故萬法本不自生。若觀想「阿」字之環，則順序旋轉由初始之「阿」字輪轉去到末尾之「訶」字。

你知道梵文的「ahaṃ」（अहं），意思是「我」，如果逆著旋轉，就會由末尾之ha（ह，訶）回到初始之a（अ，阿）。第一字母到最後一個字母，最後一個字母到第一個字母，首尾相連循環。以上就是對咒字「hauṁ」中第一個字母「ha」（訶）的解釋。你會需要用上很多時間來弄懂它。

我為大家講了許多不同的宗派和法門，希望你們能夠明白，喜馬拉雅傳承並非是一個特殊、單獨的組織、機構、傳承。它是舉世所有親證啟引之道所共通的。無論它在當今美國由一名、十名、百名老師所教導，或是在第八世紀日本由空海大師所教導，或是在第八世紀中國由不空金剛大師所教導，或是在一世紀中國由菩提達摩大師所教導，它都是單一、合一的道理，那就是融合的所在。

各種禪定冥想方式，都是出自同一個單一的傳承，為了適應不同時代、不同地方、不同族群的需要，而有所不同。在某些地方會凸顯某些特殊的法門，但是它們並沒有排他性。一般不會認為如今在美國所傳授的禪法和咒語有所關聯，可是我跟大家談的都跟禪宗有關。講咒語的學問，最重要的一部經是《大日經》（*Mahāvairocana Sūtra*），空海大師為這部經寫過非常多的註釋。

佛教也稱咒語為「陀羅尼」（dhāraṇī，或譯意為「總持」），譬如《心經》最後的咒語：

揭諦、揭諦、波羅揭諦、波羅僧揭諦、菩提、娑婆訶

gate gate pāragate pārasaṁgate bhodi svāhā

就是「陀羅尼」。佛教徒對它熟悉的程度，不亞於印度教徒對〈蓋亞曲神咒〉

（Gāyatrī Mantra）的熟悉程度。去年，我去韓國，在一所佛教寺廟中聽見他們在誦念做火供，乍聽之下覺得有點熟悉，卻又不肯定是什麼。結果原來是《心經》的咒語，但是他們的發音跟梵語的原音已經不同了。關於咒語，你們必須要明白，虔心持誦所產生的效力，往往不是顯現在大家感官能覺知的層面，而是在非常不同的維度，隱藏在時間之流底下顯現。

我還可以告訴諸位，你們不會相信，也無法理解，我們喜馬拉雅協會在今日的所作所為，它的果要在一個世紀以後才會顯現，目前是見不到的。那些瑜伽大師用咒語的學問在改變、在創造條件，是在為今後世界真正的和平默默地做出貢獻。他們毫不張揚地做，默不作聲地做，是對世局做出輕柔而深沉的回應，不是只單單坐著哪兒。過去這一個月我非常忙碌，是內在的忙碌，可以說我從來沒有這麼忙過。身體是疲乏的，但是我的工作必須持續。

●各宗派都有矛盾對立的謎樣語言

有些人將宗派之間的不同處過分放大。例如，他們說佛教已經不存在於印度，禪宗的公案法門非常特殊，你還在說什麼融合、合一？你要知道，以公案為例，在所有的靈性傳承中，很重要的一種教導手法，是使用矛盾的語言或者謎樣的語言。連在童話故事中都會使用到謎語，假如王子不知道謎語的答案，他就無法過關，如果沒有這個情節，童話就不成為童話。解決不了那似乎無法解開的謎語，就過不了河，不能越過障礙。那也就是公案的手法，如果你無法解開那解不開的謎樣語言，就無法再進一步，就得停步，就會回頭而去。

靈性進步中的一個主要本事，是能夠調和完全矛盾的對立面。如果你解不開那個死結的話，就只能原地打轉，乃至於退轉。這是你必須要學會的一門藝術。你該怎麼做？如何在矛盾中找到真實？你如何能見到實和虛其實是同、是一，就像是前面介紹山本智教的書中所描述，在鏡中見到的倒影一樣？你聽懂了嗎？我這可不是在講課，而是在對你們每一個人個別講話。

印度古代的智慧經典《吠陀》，就記載了許多這種公案型的語言。例如，「無骨者托著有骨者」（**asthanvanta yad anasthā bibharti**）。沒有骨頭的那個，載負了有骨頭之人的重量。誰是那個無骨者？這就是一個謎語，是個矛盾。

又如聖人威亞薩在解釋《瑜伽經》第四篇第三十一經，引用了一段非常耐人尋味的謎樣語言：

無眼人為珠鑽孔；無指人為它穿索；
無頸人掛戴著它；無舌人為它讚美。
andho maṇim avidhyat tam an-aṅgulir āvayat
a-grīvas taṁ praty-amuñcat tam a-jihvo'bhy-apūjayat

每一句話都是矛盾，都是謎。你必須要能調和其中的對立矛盾。否則你就會像是那隻繞著柏樹打轉的狗，不停地轉，就是無法獵得代表佛性的兔子，不能開悟。上面那個謎語中提到「珠寶」（mani／嘛呢），這個字在佛教有名的六字大明咒中也出現：

Oṃ maṇi-padme hūm
音譯：嗡嘛呢叭咪吽
意譯：嗡，中有珠寶的蓮花，吽！

「吽」是什麼意思？剛才我讀給大家聽的講真言宗那本書中，詳盡解釋了

「吽」這個咒字，我們只讀了「吽」字中的「訶」（ha）字音而已，你們可以去讀其餘的解釋。珠寶是中心點，脈輪的中心點。無眼的盲人能夠穿透中心點。有的人在讀《聖經》時，真的以為聖保祿被弄盲了。在形而上的語言中，盲眼是表示不再去看、去覺知外在的一切，轉而只專注於內在的光明。所以，你先要能對外在的一切視而不見，學會把感官給閉上，你才能穿透脈輪的中心點。這是「盲人會為珠寶穿孔」的意思。

「無手指之人為珠寶穿索」，意思是你的手靜止，所有的行為感官都靜止了，才能貫穿中脈，將各個脈輪串起來，如同一條項鍊。沒有頸子的人配掛這條項鍊，在頸部脈輪以下的各個脈輪，都還只是處於準備階段。要超越了頸部的喉輪，才堪配掛串起脈輪的項鍊。而超越了第六眉心輪和第七頂輪，就會成為無語靜默之人、無舌之人，是連咒語也停下來了，才能去讚嘆無頸之人所配掛的這條項鍊。

你在所有的傳承中，都可以找到這類的謎樣語言。我希望有一天能專就這種公案式的語言開一門課來細講。如果你去搜集童話故事中這類的謎語，我就可以為你解釋它們所要表達的形而上真理是什麼。有人說，《愛麗絲夢遊仙境》這本書，就是一本極佳的禪宗教科書。這些例子不勝枚舉。又如印度十五世紀偉大的詩人哲學家卡比爾（Kabir），他唱道：「螞蟻能馱象，蚊蚋能吞天。」當你碰上這種謎語時，你一定要能認出對立中的一致性。沒有這種本事的話，只要你仍然認為對立是無法化解的話，就只能停留在對立的世界中。

這些謎樣的語言常常充滿了代號、象徵性的東西，你不要執著於表面的意義。常人的語言無法表達出大師的意境，所以他們只好用這種方式說給世人聽。有時候，因為根本無法用語言表達，所以他們乾脆閉嘴，保持靜默。你說：「他不回答我的問題。」他會說：「我已經答了。」你說：「我沒聽見。」那是因為你沒有會聽的耳朵。

有個梵文的祈禱文，通常被翻譯成：「因為有祂的恩賜，啞者能言語，不行動者能翻山，我頂禮膜拜祂。」當我們真正明白了這個禱文，就會知道它的意思正好相反，是：「因為有祂的恩賜，善言者不語，不再多言，善登者不動，能安心靜坐。」我真心期待自己能逐漸由一個成天講個不停的人變成啞巴。

我在第一天的講課中提到「空」和「如」。空，是要連空也空，空空（空性）。如，也同樣，要如其如，如如（如性），像今天的冥想，只是如實觀察，前不隨著什麼，後不跟著什麼。你可以做到如此的觀察。這個道理展現在《奧義書》中，也展現於佛教龍樹（Nāgārjuna）的著作中。你可以說，中國和日本的佛教禪定冥想都深深受到他的著作所影響。

佛陀當年刻意用普羅大眾的語言巴利文傳法，而不是使用學者的語言梵文。佛陀最初的弟子們都不是學者型的人物，他們使用的語言也是巴利文。例如，佛陀有一位名叫優婆離（Upāli）的忠實弟子，他原本是理髮匠，出家後跟在佛陀身邊，尤其精於戒律。佛陀圓寂後，弟子們集結整理遺教，優婆離用他超凡的記憶，將佛陀講過的戒律完整地背誦出來，成為最早的佛經。這些都是用巴利文書寫的，到今天都還保存了下來。

後代的弟子們因為需要跟說古典梵文的婆羅門辯論，才開始學習使用梵文。到了佛陀圓寂了五、六個世紀之後，出了偉大的龍樹菩薩，此時大乘佛教已經完全使用梵文。龍樹是個充滿傳奇色彩的人物，他創立的哲學叫做「中觀」（**madhyamaka**），其後遠傳到西藏、中國的中土、韓國、日本，發展出一套完整的哲學體系。中觀派的主要文獻是《中觀論頌》（*Madhyamaka Kārikā*，簡稱《中論》）。你可能會認為這應該與佛陀時代之前《奧義書》的哲學完全不同，但是兩者卻是有很多相通之處。龍樹在《中論》一開頭就寫道：

不生亦不滅　不常亦不斷
不一亦不異　不來亦不出
能說是因緣　善滅諸戲論
我稽首禮佛　諸說中第一

anirodhum anutpādam anucchedam aśāśvata
anekārtham anānārtham anāgamam anirgama，
yaḥ pratītyasamutpādaṃ prapañcopaśamaṃ śiva，
desayāmāsa saṃbuddhaḥ taṃ vande vandatāṃ varam.

現在我為你讀《曼都基亞奧義書》（*Māṇḍūkya Upaniṣad*，或譯為《蛙式奧義書》）第七句偈語：

非覺內，非覺外，非兼覺內外
非無分辨覺，非有覺，非無覺
非可見，非可觸取，非有相
非可想像，非可類推，非可描述，其本質乃自性
所有現象俱熄滅，常寂、常淨、不二，是為第四
乃阿特曼，此應證悟之

nāntaḥ-prajñaṃ na bahiṣ-prajñaṃ nobhayataḥ-prajña
na prajñāna-ghanaṃ na prajñaṃ nāprajña
adṛṣṭam avyavahāryam agrāhyam alakṣaṇa
acintyam avyapadeśyam ekātma-pratyaya-sāra
prapañcopaśamaṃ śāntaṃ śivam advaita
caturthaṃ manyante sa ātmā sa vijñeya

和《中論》所描述的完全一樣。商羯羅大師的太老師高達巴（Gauḍapāda）曾經為這部奧義書寫過非常詳盡的註解，叫做《曼都基亞頌》（*Māṇḍūkya Kārikā*）。

我現在讀一段他為這一句偈語所寫的解釋：

開悟的人所覺察的沒有自己，也不是沒有自己。所覺察的不是真實，也不是非真實。因為他無時無刻不在覺中。

龍樹菩薩說，「諸法不自生，不從他生，不共不無因，是故知無生。」一切萬物既不是自己所生出來，也不是從不是自己所生出來，不是相互生出來，也不是沒有因而生。沒有任何東西有生過，所以是無生。

《曼都基亞頌》繼續說：

那個不存在於過去，也非存在於以後。沒有前因，也沒有後果。也不是現在能覺知到的。雖然似乎不存在，卻又似乎被覺知存在。如幻一般。假如有人將塵土灑入空中，他認為能汙染天空，不智之人認為本我阿特曼能被染汙就是如此。

關於文字語言的弔詭，我在講《瑜伽經》第一篇第九句經的 vikalpa（夢想、幻想、不實觀念）時有做過討論。威亞薩在他的釋論中舉了一個例子，他說：「某個名叫班納（Bāṇa）之人停了下來。他將會停下來。他已經停了下來。這樣的語句都是沒有意義的。」班納將要停下來，是一句不合理性的陳述。首先，班納是什麼？班納是不存在的，班納是一個名字，用來表示那個本我（即阿特曼、自性）。虛有的東西有何行動或停止可言？其次，本我是不受時間、空間所限，就沒有來去，哪有所謂停止？再來，「停」這個字是動詞，動詞是用來表示動作，而停是動作的停止，怎麼能成為動詞？所以，我們一般的語言都是經不起推敲的。

然而，禪宗的語言偏偏如此，充滿了弔詭。禪宗教你不要執著於文字語言的區別。例如，關於涅槃和輪迴，我們一般都認為，前者是最終的解脫，後者和前者正好相反，是在不停地打轉而出不去。龍樹的《中論．觀涅槃品》卻說涅槃與輪迴二者無有區別。威亞薩在《瑜伽經》的釋論中說：「瑜伽就是三摩地，而三摩地是所有心地層次的狀態，不論心地是處於散亂或者止息狀態，都是三摩地。」龍樹說，當一切法都是因緣所生，都是空，那什麼是永恆，什麼是非永恆？什麼是涅槃，什麼是輪迴？對國王而言，全部國土都是它的王國。國土內他的皇宮及工匠的茅屋，都是它的王國。龍樹在另一部著作《迴諍論》（*Vigrahavyāvartanī*）中說，兩個魔術師分別變出來兩個假人，其中一個假人對另一個假人說：「你是虛幻不實的。」一切諍論、哲學都不外如此。他的反對者說：「你如何證明你所說的？」他說：「我什麼也沒說，我沒提出任何假設，要如何來駁我？」他整部論都是在否定所有的假設。他說，所有言語都是因緣所生，都是沒有實義。

這也是禪宗的主張，不過，中國的禪宗加進了自己文化因素的題材，就像日本會用鑄劍為例來講禪，而到了美國，就用修理摩托車來講禪。[10]儘管所用的例子不同，但是所講述的重點是同樣的，那就是所有的假設前提都是由對立而來。你必須用智慧的利劍，來斬斷所有的假設前提。但這個過程能把你給逼瘋，讓你沒有任何立足點，然而，那就是重點所在。

到了最高深的禪定法門，是沒有哲理可言，是無法表述的。在那個世界中，一隻螞蟻能馱著大象飛起，小小蚊蚋能吞下整個天空。認為「東西是有起頭、有結尾」的不對，認為「東西是沒有起頭、沒有結尾的」同樣不對。有立場就不對，沒有立場也不對。空也要空，所以才叫做「空－性（**śūnya-tā**）空空」，或者叫做「如－性（**tatha-tā**）如如」，或者叫做「阿特曼」、「自性」、「本我」、「無我」，無論你用什麼語言、無論怎麼稱呼，到此都毫無區別。

所以講禪定冥想，你覺得似乎有如此眾多的法門，不同的內容、不同的啟引手法、不同的體驗、不同的教導、不同的字眼。有的著重儀軌，有的著重觀想，有的著重參究。例如，在參究的法門中，無論是吠檀多還是禪宗，都是由同一個地方下手，就是問：「我是誰？」（ko'ham），或者是問：「誰在持咒（念佛）？」或者「誰在覺知？」「誰在觀？」觀曼荼羅的時候，只有當外在的曼荼羅被內化了，成為你內在的景象，那才是真正的曼荼羅。

基督教其實也有使用曼荼羅的觀想法，不過他們的用法不同。在東正教的傳統中，有種特殊的基督畫像——「全能者基督」（Christ Pantocrator）。畫像中的基督通常會有一定的手勢，持一本經，置於一個象徵光環的幾何圖中，整個圖形有點像是一個杏仁的形狀，稱之為「曼朵拉」（Mandorla），但是他們不談「曼朵拉」與佛教的「曼荼羅」（Maṇḍala）是否有關聯。

因此我說，其實傳承也只有一個，不同的是分枝，都是因為表面的不同而起紛爭和糾結，難怪古今真正的大師都說不爭論才是重點。願善於言語者成為啞者，願走動不停者坐定下來，如此才能融合，而不是分歧。所有的法門，所有的道途都能匯合成一條道。你應該要走上那條路，那是一條包含了種種法門，能包容而不是排斥其他法門的道路。我可以對你說，喜馬拉雅傳承就是如此，它從不排斥別的冥想法門，因為它包含了所有的冥想法門。如果你深入了解各個冥想的宗派，就能在喜馬拉雅傳承中找出它們的源頭出處，你也才能真正了解到喜馬拉雅傳承。

我給各位的建議是，繼續依照你所學到的去練。只管去練，不要理會別的。希望你至少能信任自己所學到的教導是純淨的。教人的老師有來有去，但教導是永恆的。假如你學到的教導能帶來內在的寧靜，就繼續跟著那教導。那個教導所帶來的體驗會領你前進，回答你的問題。只要你更深入練習，更多的答案會在你內在的寧靜中湧現。你只管進入那個寧靜。要坐，要多坐。盡量減少那些和生計無關、和靈性進步無關的活動。你只管依照已經學到的去練就行。

如果你能接受一個過時觀念的話，我希望你能將自己的生活「儀式化」，以行聖禮的態度去從事每日的洗浴，早晨的盥洗，進食，上座冥想。培養對所有生靈要有慈悲心。每天持些〈蓋亞曲神咒〉，能大大幫助你淨化。假如你能用至少一年的時間如此去做，也許明年我們可以帶大家進入下一個階段。

不要炫耀自己多麼精進，不要張揚自己是追求靈性之人。你要低調。你越是認真修行，越是應該深藏不露。

好的。坐直。頭、頸、背保持正直。將注意力帶到自己。不需要做任何準備功夫，直接進入你內心最深處。進入你曾經體驗過最深沉的寧靜。停在那裡。讓你的咒語自己浮現，心的其他部分完全靜止。只有那咒語像是一道漣漪，輕輕地浮現、浮現、浮現，然後，連咒語大漣漪也平伏了，成為絕對地靜默。

輕輕睜開雙眼。願神祝福大家。

譯註

❶ 類似的經驗在禪宗典籍中，例如《憨山大師年譜》也有記載。

❷《靈蛇之力》的作者為 Arthur Avalon，但這是筆名，其真名是 Sir John Woodroffe，英國人，二十世紀上半葉在印度擔任高等法院法官，對於印度的密法（Tantra）有很深的研究，寫過好幾本相關的書。斯瓦米拉瑪及斯瓦米韋達都推崇他是第一位如實將印度密法介紹給西方人士的作者。

❸「啟引」的梵文原文是 dīkṣā，英文翻譯為 initiation。

❹ 英文的禱文為："Lord Jesus Christ, the Son of God, have mercy on me, a sinner."（主耶穌基督，神之子，憐憫我這罪人。）

❺ 斯瓦米韋達經常告誡弟子不要用「小乘」來稱呼「南傳」的佛法。

❻ 此點似乎與某些佛法的認知不同。

❼ 也許這就是斯瓦米韋達前面提過的，以前種種認為是真實的境地，一步步要捨，知非即捨，告訴自己：「非此、非彼」（neti neti）。

❽ *History of Mantrayana in Japan*，山本智教著，印度德里 Aditya Prakashan 出版，一九八七年。

❾ *Mantra and Meditation*，Pandit Usharbudh Arya（斯瓦米韋達）著，美國喜馬拉雅學院（Himalayan Institute）。

❿ 此處指的是美國的暢銷書：*Zen and the Art of Motorcycle Maintenance*（禪與摩托車維修之藝），作者為羅伯特．波西格（Robert M. Pirsig）。

5

愛的冥想：世間的責任與開悟

——斯瓦米韋達，講於一九八四年

對世界已經厭倦透了的人，就不需要什麼別的指引。倦世，也稱為「捨離」（vairāgya），就會拉他去到更有意思的境地，他的空間會變得無邊遼闊。因為他放棄了有限，便得了無限。丟捨了有限，換來了無窮的富庶，如同一位幸運兒用玻璃珠換來了鑽石。如此之人是真正有福報之人。他不需要別人告訴他，玻璃珠和鑽石的價值有何不同。

他找到了一個「祕林」，那是個祕境，他一再地進入其中，每次在裡面都發現更吸引人的東西，樹在結果，綠葉枯萎，鳥坐在某處，新芽從地面冒出，不同季節有自己特殊的香氣，一場小雨改變林中的氣味。

城市中愚昧的人，不了解他為什麼要跑入荒野，消失於其中。他們認為他迷途了，他卻說他找到了！他的心念不斷地轉向自己內在那同一個祕林，那個芬芳的花園。無論他在看什麼、觀察到什麼，無論他嚐到、觸到、聞到、見到、聽到什麼，都會讓他想到在自己內在所發現的那個。

他就像是一名做箭的工匠，整日都忙於做箭，心思完全融入於製作箭。《奧義書》中有一段關於箭的比喻：「**你的咒語是弓。你的靈性本我是箭。把箭搭在弓上射出。如同箭會和它的靶合一，讓你的靈性自我與你投射的目標合一，那個目標就**

是梵，至上的一。」

還有一個箭匠的故事，整個軍隊所用的箭，從弓箭手到指揮官，乃至於國王的箭都出自於他的手中。有一日，國王帶著部隊在城中行進，經過箭匠的門口。箭匠正坐著在埋頭造箭，他抬起頭來往外望，但是沒有起身。城中的警察看見了，等部隊經過之後就去質問箭匠，說他對國王不敬。箭匠回應道：「不敬？我哪有不敬？我整天造箭，心中只有箭，當我抬起頭來往外望，只看到箭從門前經過，沒有見到國王。」

所以，發現祕林之人，他的心會不斷地轉向內在那個祕境，這在梵文稱為bhāvanā（修，觀修，培養）。這個字有兩個意義。一個是「沉思培養」，培養某種心念，將某一種心念重複不斷地印入心中，直到這心念成為你自然而然的觀念。到了這個地步，你的人生觀、世界觀就會變得不同。

這個字的第二個意義是「情懷」，因為所有的情懷都是培養而來的。由於時間有限，我簡單地談一下情懷。

你可能試過長時間去培養某種情懷，但是到了某處，你的心漂移開了，你被別的東西所拉走，離開了你原本想要培養的。你被岔開，走到別的地方去了，累積了另一種業。你再出生，進入一個新的身體中。有時候，好幾年過去了，什麼都沒有發生。面對世間諸事的重負，你有必須要盡的責任，有考試要通過。長大成人是件很累人的事，婚姻、子女、工作，這些都是你的業，如果你不經過這些，不把它們了結，業力的負擔只會變得更重。

然而，你總是覺得有什麼事還沒有做，有什麼事還沒有了結。你坐下來冥想，咒語和那個有件事還沒了結的念頭交互出現。咒語、咒語、咒語、未了之事、未了之事、未了之事、咒語、咒語、咒語、未了之事、未了之事、未了之事。只要你還有所未了結，在冥想的時候，它就會繼續跟你的咒語交互閃現。直到你終於把所有未了之事都了結，那麼你就能如奎師那在《薄伽梵歌》中對阿朱那所說，大意是：

嗅，普利塔之子（阿朱那）！整個宇宙中已經沒有我應辦但未辦之事，沒有所未得或所需得；然而，我仍然繼續行事（3:22）。

因為若我一旦疏於行事，所有人都會跟隨著我的路途（3:23）。

若我不盡我的責任，所有世界都將毀滅；我就會導致混亂及生靈塗炭（3:24）。

na me pārthāsti kartavyaṁ triṣhu lokeṣhu kiṁchana
nānavāptam avāptavyaṁ varta eva cha karmaṇi（3:22）
yadi hyahaṁ na varteyaṁ jātu karmaṇyatandritaḥ
mama vartmānuvartante manuṣhyāḥ pārtha sarvaśhaḥ（3:23）
utsīdeyur ime lokā na kuryāṁ karma ched aham
saṁkarasya cha kartā syām upahanyām imāḥ prajāḥ（3:24）

因此，如果你所有未了的事都了結，那麼尚有一件真正未了之事才開始，那就是慈悲接引眾生，由此開始了大愛。有的人在前世發過這種靈性的大願，但這一世蹉跎了許多歲月，從來沒有回想起來，因為他忙著去了結過去造下的業，他必須要把過去欠下的債給清了。例如，他曾經答應會娶某一位女士，結果沒有娶她。這一世因為某個時空交會的機緣，他們又相遇。他覺得好像曾經見過她，但是詢問之下，發現兩人此生從未謀面。你可能覺得難以置信，但你知道有些人長得就像他們前世的樣子嗎？

在你們當中，我能認出有些人曾經是我的學生。實際上，是細微身塑造出粗身（肉身）的型態。我們每個人身體的型態是怎麼來的？當今的科學說是由DNA決定的。我同意。不過，那只解釋了「如何」，沒有辦法解釋「為何」。「如何」與「為何」必須要結合起來，才能造成你，明白嗎？理解了「為何」，不會抵銷你對「如何」的理解。理解了「如何」，也不需要去貶低對「為何」的理解。同樣地，理解了「為何」，也不會讓你變得神聖超脫，以至於會讓你揚棄對「如何」的理解。

好，有人年復一年地履行他在世間的責任，從事俗世的作為。到了某個交點，當某個沉重的業債還完了，忽然間，他有所重新認知。某事某地提醒了他。這可能發生在此生臨終之前五分鐘，他發現了他的自我。那他就找到了，此生就非虛度。

有個木匠的故事，他專門做嬰兒搖籃床的床腿，一輩子都從事這個工作，所以他的外號就叫作「床腿」。有一天，一位聖人到來，對他說：「喂，床腿！放下你手中的工具，你的生命只剩下四十八分鐘，時間一到，你就會死亡。」於是木匠放下了他的工具，他真的「放下了」。如果你要放掉什麼東西，就真的放手。而我們總是不停帶著這個包羅萬象的細微身不放，那就是問題所在（譯按，人在這一世死亡時要丟下粗身，帶著所有累積的業投胎入下一世的粗身）。因此，就算身處最歡樂的地方，我們也不快樂。

這位床腿木匠努力工作了一輩子，為世人服務，還清了業債。時機到了，當他一聽見「死亡」這個詞，就醒覺了他自己的真實本性。於是，他放下了手中的工具，放下了一切，進入自己內在的深處，四十八分鐘內，他進入最高的悟境，成就了最終的開悟解脫。

像這樣的故事有好幾個。

有位名叫「平加菈」（Pingala）的妓女，因為過去的某些業力使然，她這一世身為妓女。有一晚，她打扮好了站在屋外等客上門，每當有人走近，她就興起一個期待的念頭，然而，她一整晚都沒有等到一個客人。

在經歷過好多次的希望又失望之後，她身心俱疲，於是就回到屋中坐了下來。她心想：「我累了，對這個世界厭倦透了。就算我能夠再投胎生為一個更高階級的人，我能夠跳脫這種無止境的希望又再失望的輪迴嗎？」

因為她的業債在那晚已經還清了，當她起了這樣的想法，立刻就開悟了。她開悟後，成為一位非常著名的聖人，所以其後有人在為人祝福時會說：「願你能如平加菈一般，一夜之間獲得開悟！」

所以，如你我之輩一定都還有希望的。我的理論是，「別人能得解脫，為何我不能？」有的人說：「別人得解脫，但是像我這樣的人沒有希望。」為什麼要認為自己沒希望？其實，人生一旦那個時刻來臨，你別無選擇非得回應，因為在那個時刻，你的人生已經終結。這個意思是，此世你這個身體對世間的欲望及所需要盡的責任，都已經了結。該辦的都辦了，該有的都有了。除了從事靈性的追求，這個身體已經沒有別的用處。

印度有一個族群叫做「錫客」（sikh），這個詞的字面意思是「門徒」。他們的教祖是偉大的上師那那克（Nanak）。

有一天，那那克知道某個弟子的時刻來臨，就來到弟子家門口，在門外呼喚他。弟子的妻子擔心上師把自己的丈夫領走，就催促丈夫躲進茅棚，自己出來應門，告訴上師丈夫外出。那那克聽了，就走到村外的一棵樹下坐著等。沒多久，弟子的妻子哭喊著來到。原來她的丈夫躲入茅棚後被蛇咬了，毒發身亡。所以，當那個呼喚來到，你橫豎都必須有所回應。

有些人非常有福報，能在不幸中得幸。有一個故事說的是十三世紀一個非常神聖的家族，父親是一位已經開悟的人，他有四名子女，三男一女。有一次，四兄妹一同去朝聖，路過一處森林時遇到了獅子，兄妹各自奔逃，後來總算又重聚在一起，但是大哥尼伏日提（Nivrutti）不見了。

他們以為大哥可能已經遭遇不幸。原來，大哥為了逃避獅子的追襲，在倉皇間躲進一個洞穴中，誰知他命中的上師就在洞穴裡面。上師對他說：「進來，我一直在等你。」所以他是被獅子追進了上師的洞穴！

後來，大哥學成出山，與家族重聚，啟引了他的弟妹。他的弟妹其後都稱他為上師，而不稱他為大哥。這四名兄妹個個都是開悟之人，都留下了寓意深遠的作品，我希望能把這些偉大聖人的作品讀給你們聽。

妹妹的名字是穆克塔白（Muktabai），她說自己原本活著像是被蒙上了眼，因為上師的恩澤，喚醒了靈性的覺識，渡過了分割的河，游向她的目標。她提到見到一隻螞蟻漂浮在空中，把太陽吞下肚。她笑談自己的經歷，「何等奇妙，不孕之女能生子。蠍子進入地下世界，巨蟒臣服於其足。蒼蠅得到解脫，生出一支風箏。」這些都是用象徵性的言語來描繪自己內在的經歷。她問我們誰能如她，「在白日見到月光，而在夜晚見到白熱的日光？」她告訴我們，「森林中只要有一棵檀香樹，周圍的樹都會變得芬芳。同樣的，眾人之中，只要有一名虔誠奉神之人，大家都會敬愛神。」

你們去買的檀香木往往不是真檀香，是一般木頭跟檀香放在一起，被熏染久了而具有檀香味，然後被當作檀香木來賣。

這個例子常常用來比喻我們從靈性座談（satsaṅga）能得到的益處。satsaṅga 這個詞的字面意思，就是「與聖人為伍」，圍繞在聖人身邊。既然一般木頭被檀香薰染後也能具有檀香，你經常坐在聖人身邊的話，誰知道哪天你也可能變得像個聖人。這其中的奧妙在於你開始模仿聖人的善言善行，久了變成習慣，習慣變成本性，形成了你的人格。你的人格造就了你的命運。所以經由這個過程，偽君子也有可能變成聖人。這有何妨？

驢子需要胡蘿蔔作為前進的誘因，我們也需要我們的胡蘿蔔，那是藏在我們內在的誘因。無論你的誘因是什麼，你只要能走上這條路，跟著走下去，一步一步前進。你並不需要——而且我也不建議你——放棄那些未了之事。那些未了之事必須把它們給了結。同時，在你人格的深層內，個人的修行還得繼續做。

有時候，你仍然會有一些欲望揮之不去。聖人薩若哈巴（Sarahapāda）是藏傳佛教中的八十四聖之一。有一次，他在打坐之前請妻子為他煮一些蘿蔔，打算下座之後吃。妻子就去準備，誰知薩若哈巴入了三摩地，這一定就是十二年。他出定睜開眼，第一件事就是問：「蘿蔔煮好了嗎？」那個細微的欲望等了十二年都沒有消。所以，某些欲望會徘徊不去。如果是對蘿蔔的欲望，那不妨先吃了它，然後把它給忘了。

既然你活在世上，就該盡你在世間應盡的責任，把該了的事做個了斷，不需要任何理由就去愛，去無私地奉獻。

常常，不去盡我們世間的責任，就會成為靈性進步的障礙，而去盡世間的責任反而不是靈性進步的障礙。這是因為在你人格的深層有個靜止的地方，不論你外在如何忙碌不定，那個地方一直是維持靜止的。不用停下你忙碌的行為，只要學會進入內在那個靜止的地方。

有人的成就只限於世俗的成就。有人的成就只限於非世俗的成就。我們能否兩者兼有？這可是最高的理想。在印度古代梵文的典籍中，記載了那些最高成就的聖人，他們被稱為聖王。這些人既是人間的帝王，又是達到極高開悟境地的聖人，連隱居在林中的上師都要把自己的子弟送來宮中學習，而不是宮中的皇子去森林中的道院學習。這些聖王是最尊貴的老師。

6 專屬你的河邊祕林：進入心窩的中心

——斯瓦米韋達，講於一九八四年

你知道在某個遙遠的地方藏有一顆許願石，這個地方在哪裡？有個人決定出發去找這顆許願石。他離開家門，只走了幾步路，眼光就落在一個閃閃發光的東西上，這個外形看起來有點像是傳說中的許願石，他說：「這就是了。」可是旁人說：「哪有可能？別的人走到天涯海角尋找許願石，花了一輩子的時間，掘過礦，渡過重洋，跨越州際，登上高山，深入洞穴，踏遍叢林，哪有可能這麼輕易在自家門口找到？它一定不是許願石。」所以這個人繼續上路搜尋。他用了一輩子去找，像其他人一樣上山渡海，翻遍了所有地方，就是沒有找到許願石。

寓言故事是有意義的，它們自有其目的。有個人來到河邊，發現水多到他無法喝，就站在岸邊，嘴唇乾裂。我們會笑這個人。但是，我告訴你，現實中我們就站在他身邊。我們不辭千里去什麼地方尋道，卻沒找到許願石，因為，它就在我們自家門口。

古籍中寫道，遠所不及，近所不及。這個地方，比最遠更遙遠，比最近更接近。《奧義書》說，它小過麥粒，小過米粒，小過芥子。然而，它又大過天空，大過這個大地，大過一切空間。這個至大無外，至小無內，它就是「阿特曼」——自性。

遠過最遠，近過最近，這個地方就在你心中斗室之內。學會進入這個心內的斗室，你會發現所有的空間都在其中。要做到這一步，你不需要放棄一切，不需要走在滿布荊棘的地面，不需要忍受旅途的飢渴。而且，做到之後，你就不會雖然飽腹卻仍然有吃的欲望，不會一向無所匱乏卻感到空虛，不會一向在收受卻總是覺得不足，不會一向在享受卻永不滿意。明明是皇宮中的國王卻夢到自己身陷地牢，這是多麼大的折磨。

無論我去到哪裡、見到什麼樣的人，我給自己的任務和使命，是不斷地提醒你，你本來是自在的。**你是自主的，因為你是意志力之主。**那個意志是非常有力，非常有效的。一旦你明白了，你本來以為自身所處的地牢，立即就神奇地變成了鋪滿珠寶的皇宮，它會變成你的孔雀寶座（譯註：古代印度帝王的寶座），帶給你自由的感覺。

我要你們擴大自己的能耐，要越過你以為是自己極限的邊緣，看看那多麼有趣。只要大一點點。只要多愛一些。我不是說要你傾其所有，竭盡全力。以今天來講，現在是下午，你只要做到比上午再多一些，只要稍微超越原本的界限。只要把門再打開一些，不要怕門後面有什麼，我保證不會有什麼可怕的東西躲在門後。一旦你把門再打開一些，會嗅到少許甜美的香味，就會想把門更推開一些。

要起個頭。今天比你過去付出更多一些。再多愛一些。主動多跟幾個人交談。多侵犯一些空間。讓你的空間被多侵犯一些。此刻在場的人，來吧，彼此坐近一些。你們不用拉手，只要挨近點坐。彼此靠近一些，說：「來，來，坐在我旁邊。」相互對旁邊的人說：「來，靠近我坐。」

聖人說，在能遮蔽風雨的地方，足夠一個人躺下來的空間就可以容下兩個人坐著遮雨，同一個空間也可以夠三個人站在其中。

大家來聽課在求知識，求智慧，希望我能把黑板寫滿。為了增添趣味，有時候我也會如此做。但那只是香料，不是食物。食物中的香料很重要，可是你不能靠香料維生。你可以不用香料而只靠食物維生，但無法不吃食物而只靠香料維生。智性是一種娛樂，它是有閒階級的娛樂。知識是娛樂。你們的知識夠多了。人說現代是知識爆炸的時代。

而智慧是愛，智慧和愛是同時到來，是不可分的。由智慧生愛，由愛長智慧。你知道為何如此？因為長直覺的地方是在你的心窩處。你要以這個地方為中心。

有的人是屬於情感型的，以心為重點。這和我講的以心窩處為中心有很大的不同。情感型的人總是定不下來，我見過有的情感型的人很沒有安全感，有時哭有時笑，坐立不安。以心窩為中心的人有一個中心點，他的愛不是在這個人那邊，在那個人那邊，或者在另一個人那邊，他的愛安住在自己的心窩中心。他明白這個道理，所以他那個生命的能量充沛，會向外溢出。我該拿它怎麼辦？我該給誰？要拿的人很多，因為這個世界上大多數的人是心靈的窮人，都在問：「誰可以給我？誰可以給我？」心靈的富人和窮人的區別是，富人總是在施予，窮人則是永遠不足，一直在拿，想取自他人。

在印度，有一個每日的禱文是這麼說的：「願眾人有求於我。願我無求於他人。我有已足。」當唧喳不停的不安情緒，終於能安定下來，然後愛就開展了。世人誤以為這個不安的情緒是愛，因為他們沒有了解心窩中心是如何作用的。以心為重點的人，要的是滿足他一己的需求。以心窩為中心的人，要的是滿足所有人的需求。他會四處找尋，有誰需要，有誰需要。我有，我在此，誰要？

當你能夠進入心窩中心，你的內在就會有種感受，好像你進入了一個非常美麗，光明滿布的斗室。就好像是在你胸膛中心有一個入口。你原本以為那個地方是堵牆，現在那裡有個門，你要學會由那個門進入。進去了，你會發現一個斗室。室內是光。那個光不是任何世間的光可以比得上的。

在《瑜伽經》，這叫做「無憂清澄光明」（viśokā jyotiṣmatī〔第一篇第三十六經〕），是個沒有憂苦，布滿光明的境地。光明照在水晶無塵的表面，滲透到水晶內裡。試想一下，假如水晶是活的，它會有何感受。那個無色的光，純淨的光，充塞在心窩中心。如果你一再地進入此處，就會像個獨自漫步的孩子，在河邊找到了一個祕密的樹林。你是否夢想過自己能在河邊找到一處祕林，你不告訴別人，但是你會常常到此流連。只要一有時間，你就會起身跑去那個河邊的祕林。它完全屬於你。你不是買下它，不是租用它，你不用付錢，但它的確是你的。

你要找到那個入口，進入心窩中心之愛的光明中，那是一切光明中最純淨的光。那不是閃光，而是非常平靜祥和的光。它不是如同水晶表面反射出來的那種閃爍的光，而是那進入水晶內部的光。假如你有一個純淨的中空水晶球，那個光會在內部的空間中。你從外面看不見那束光，但如果你的眼睛能透視水晶的表面，看進水晶內部的中空，就是那樣的光。

整個宇宙中都沒有比它更美麗的光，也許只有嬰兒眼中的光可堪比擬。但其實孩子眼中的光是發自他純淨的心窩，「光」是住在他心內那個斗室裡。「光」從那個心窩的斗室內升起，進入孩子的眼睛，所以孩子的眼光才那麼美麗。如果你真能進入那內在的空間，那水晶的中空，那裡的光是百萬名孩童的眼睛也比不上的。

我可不是在寫詩，而是如實描述心中斗室內的光。在那個絕對靜止、清澄、純淨的光中，有時你會聽見音聲。這也是為什麼心脈輪被稱為「無擊脈輪」（anāhata cakra），那不是由打擊、撞擊所造出來的音聲。當你成為一名以心窩中心為重之人，光和音就合而為一，兩者沒有區別。此時，你胸中不僅是宇宙大愛的光，也是音。在那個清澈的水晶光中，反映出所有的直覺、所有的知識。你越是清澄，就越是清純。如果你的鏡子滿是塵汙，哪有光可以反映在其中？有一點需要知道的是，這智慧顯現於心窩中心，但是要由內在的眼睛所見。所以你的心窩中心和內在的眼睛都必須清淨。如此一來，你很快就能讓愛和智慧結合起來，因為內在光明的脈絡是相通的。這也就是為什麼當你心中有愛，眼中會閃爍出愛意，當你心中有智慧，眼就能見。

當你進入了那個斗室，那裡的空間會開始逐漸擴大。這是在裡面發生的事，你的身體不會有所感覺，但是那個空間會一直擴大、擴大、擴大。

你去愛，就會發現你所經驗到的和我所描述的相吻合。這個內在的斗室，它遠過最遠，近過最近，它會擴大、擴大。在冥想中，它會擴大，整個宇宙都包容在這個空間中。梵文講「空間」或者「天空」有兩個字。一個是akaśa，意思是光明遍及。天空就是那個光明的地方，是光可以通過的地方。所以空間的定義是光可以通過的地方。另一個字是antarikṣa，洞見，景象可以通過的地方。光可以通過，景象可以通過。這個內在的空間就是如此。它充滿光明，光可以通過它，而因為光，所以內視的洞見也能通過它。它既是愛的所在，也是智慧的所在。

當這個心內斗室不斷地擴大，整個宇宙都包在這個空間裡面，它的起始、終結，它的中間、整體，都在這個心室的巨大空間之中。你們不知道自己的心量空間究竟能大到什麼程度。它比那個容得下一個人躺著、二個人坐著、三個人站著的空間還要大，整個宇宙中所有生靈都可以舒服地倘佯於其中，他們的自我都成為了你的一己。一旦經驗到了這個擴張的心內空間，一切眾生的我便成為了你的我，而你的我，成了眾生的我。從此以後，你不會再做出暴力傷害，因為是誰在傷害誰？

你有兩隻肉眼，你看見的就有兩個視像。左眼看見的是一個角度的視像，右眼看見的是不同角度的視像。兩隻眼睛其實是由不同的角度去看同一個對象的兩個不同面向。因為兩隻眼睛所看到不同角度的面向能夠結合起來，才形成了我們的立體視覺。你能夠有立體的聽覺，也是因為兩隻耳朵所聽見的音聲能夠被結合起來的緣故。如果你無法包容並結合不同角度的視覺、聽覺的話，你的視覺和聽覺就不完整。

那個全體的我，是透過許多個別的身體在運作。你會問，假如只有一個全體的我，在透過許多身體在運作，為什麼我們每個人的行為都不同？我要問你，你左手和右手的動作是相同的嗎？既然不同，你會否得出「左手和右手各自有個靈魂在操作」的結論？左眼和右眼是否各自有個靈魂，而它們需要開會來彼此協調嗎？

能視眾生於一己之中，能視一己於眾生之中，如此之人此後就不會再有恐懼憂傷。你們明白這個道理嗎？同意嗎？同意的話，你今後會覺得人生豐富無比，你走動起來會像個帝王般自在。你會把所有的焦慮沮喪留給我，所有的憤怒留給我，所有的傷痛留給我。我喜歡收集禮物。能否請你把這個當成禮物留給我，然後你回家的時候會覺得一身輕，而且沿途不要再收集這種禮物，好嗎？

願神祝福你。

7 十二步驟冥想法

——斯瓦米韋達，二〇〇七年講於香港第一屆亞洲瑜伽大會

（譯者按，斯瓦米韋達此處將冥想分為十二個步驟，適合初學到中級冥想者有系統地按順序照做。）

第1步

身體坐直，保持均衡。雙肩保持均衡。用你覺得舒適的姿勢坐著。頭放正，頸子不要前後或左右傾斜。身子保持完全中正，你身子的左右兩側、兩個鼻孔、腦部的左右兩半，都平均地分布在中脈（能量中軸線）的兩邊。

第2步

覺知到你的「在」。這不是由過去成為的「在」，也不是會成為未來的「在」。這個「在」沒有名字，沒有任何性質，沒有任何設定。就單單經驗你的「在」，你的「阿特曼」，你的「本我」。

撫平你心頭的皺紋。讓你的心成為一塊平滑的布。讓心中的平滑、放鬆狀態流下來，布滿你整個人。

第3步

我們這次不會做全面的放鬆法，而是幾個重點區域的放鬆。只要能夠作意且專注地完全放鬆這些區域，它們附近的器官也會隨著放鬆。

放鬆你的額頭。放鬆你的下顎和牙關。放鬆你的言語器官。

放鬆你的肩膀、肩關節。讓肩膀再多放鬆一些。

放鬆你的喉部中心，讓這中心的內外都放鬆。

放鬆你的心窩中心。

放鬆你的肚臍中心。

放鬆你的髖關節。讓髖關節再多放鬆一些。一路放鬆到腳趾。

放鬆你的髖關節。

放鬆你的肚臍中心及周圍的器官。

放鬆你的心窩中心及周圍的器官。

放鬆你的喉部中心及周圍的器官。

放鬆你的肩膀。

放鬆你的下顎。

放鬆你的額頭。

第4步

讓你的心保持不起皺紋，然後讓注意力來到呼吸上。

不要去控制呼吸，只要觀察呼吸的流動。觀察的時候，要保持放鬆、保持客觀。只要去觀察每一次呼吸如何開始，中間如何流動，如何結束，下一次呼吸如何開始。

只要你去觀察呼吸，它的流動就會變慢。隨著你觀察變慢的呼吸，你的心念也會慢下來，而那樣的心念又在觀察呼吸。

第5步

現在，不要管實際呼吸的空氣是起源於鼻孔或肺部，把你的注意力放在肚臍中心，那個呼吸能量之「氣」的源頭，在那個氣機所在之處，觀察呼吸的起伏。觀察肚臍區域如何隨著呼吸而輕微地起伏。

第6步

隨著肚臍區域緩慢地起伏，觀察有一條非常細微的線流在上升、下降。一條非常細微精密的「氣」，由氣機所在的肚臍中心流到鼻孔，隨即立刻由鼻孔流到肚臍，中間沒有停頓。作意（集中注意力）且專注地觀察。

第7步

現在，觀察呼吸在意身層的起源，呼吸是如何由心念發動而來，心是如何讓呼吸持續流動，在呼吸停止時再讓它流動。

第8步

現在，作意觀察心念和呼吸之流，感覺呼吸在鼻孔中流動和接觸的情形。你的呼吸沒有頓挫、沒有聲音。觀察心念在呼吸中流動。繼續感覺呼吸在鼻孔中流動和接觸的情形。每一口氣到了盡頭不要停頓，立刻開始下一口氣。

第9步

現在，如果你已經領過個人咒語，就用那個咒語，其他的人可以依自己的宗教或傳承使用任何神明的名號，或是一個神聖的短語。佛教徒可以用「佛陀」，基督教徒可以用「耶穌」或是「瑪利亞」，印度教徒可以用自己最喜歡神明的名號。

無論是咒語還是名號，不要讓那個字語來到舌上，而只是心中一個念頭。同樣的念頭、同樣的念頭，和對呼吸的感覺一起流動著。

繼續呼氣，不要停頓，吸氣。保持呼吸的流動，當你來到每一次呼吸的盡頭時，會發現和下一次的呼吸之間有十分之一秒的過渡間隙。每一次來到呼吸盡頭時，你的心要準備好去觀察那個片刻的過渡間隙。要越過它，不要讓它拖延，立即進入下一口氣。

第10步

保持那個神明的名號以心念憶持的形式在流動。當你來到每一遍憶持結束時，你會發現它和下一遍的憶持之間，有個十分之一秒的過渡間隙，如同呼吸的過渡一般。你要能觀察到那個過渡的間隙，但是不要停留在其中。越過它，立即開始下一遍的憶持同一個名號，同時要覺知鼻中呼吸的流動。

第11步

現在，連那個觀察也停下來。讓你的心短暫地變成一個場，一個寧靜的空間，你留住在那個寧靜中。

第12步

從那個寧靜的空間中出來，再度讓呼吸和神聖的名號開始流動。保持那個流動，觀察呼吸、心念、名號三者是如何一起流動，成為同一股流體。

你的整個心成了一道均勻的流體。去觀察這道心流。心念、名號、呼吸，三者合成了一道平順、微妙、細緻、無間斷的流體。

現在，不要打斷對這股心念、名號、呼吸流體的覺知，將雙掌拱成杯狀，輕輕罩住眼睛，在掌中慢慢睜開眼睛，然後放下雙手。即使在眼睛睜開後，繼續保持對那股流體的覺知。

你現在可以輕輕按摩自己的太陽穴、額頭。交互搓揉雙手，讓手變暖，然後可以按摩雙腳，變換坐姿。在動的時候，心念繼續保持向內覺知。

願神祝福你。願所有的上師傳承祝福你。願所有的佛祝福你。願所有的先知，所有的神明祝福你。我雙手合十當胸，垂首，以我心中所有的愛，以我手中一切行為之力，以我頭腦中一切念頭，我向各位內在的神明頂禮，將喜馬拉雅傳承大師的愛送給大家。

以上我帶大家做的，是一個以正確順序銜接的十二步驟冥想過程。其中每一個步驟都可以單獨成為一個完整的冥想。

你可以依自己的能耐和意圖，選擇其中任何一個做為自己的冥想途徑，或者把它延長為一個小時的冥想。

奧義書中的冥想法門

（譯者按，《奧義書》所講述的是吠檀多哲學。斯瓦米韋達說，一般人都把吠檀多當作是哲理的思維而已，甚少人知道它也是一種冥想的法門。本文所展現的就是吠檀多的冥想。）

冥想導引

坐著，你的頭、頸、背保持正直。把你的心從所有其他地方抽回來，就只覺知你此時所坐著的地方。就只覺知你此時身體所占據的空間。覺知你的全身，由頭至腳。把心從所有其他的時間中抽回來，就只覺知此時此刻。你所覺知的，就只有此地、當下。

放鬆你的額頭、眉頭、眼睛。放鬆你的鼻孔。放鬆你的面頰。放鬆你的下顎及嘴角。你的脊柱和頸子保持正直。放鬆你頸部的肌肉。放鬆你的肩膀，一路放鬆到你的手指尖。放鬆你的手指尖到肩膀。放鬆你的胸部。放鬆你的心窩部位。放鬆你的胃部、肚臍、腹部。放鬆你的大腿。放鬆你的小腿、腳、腳趾。

呼吸時，好像呼吸流經你的整個身體，由頭到腳，由腳到頭。

放鬆你的腿部肌肉。放鬆你的腹部。放鬆你的肚臍區域。放鬆你的胃部。放鬆你的心窩。放鬆你的胸部。放鬆你的肩膀，一路放鬆到手指尖。放鬆你的手指尖到肩膀。放鬆你的下顎。放鬆你的額頭。

呼吸輕柔、緩慢、平順。觀察你的胃部和肚臍區域輕微地起伏。觀察當你吸氣時那個區域是如何輕輕地放鬆，當你呼氣時它又是如何輕輕地收縮。

你呼吸之間不要停頓。呼吸要輕柔、緩慢、平順。感覺你的呼吸在鼻孔中流動和接觸的情形，保持呼吸的勻稱，沒有停頓。

呼氣時，心中想著「瀚」（ham）這個字音。吸氣時，想著「搜」（so）這個字音。觀察呼吸、心念、字音是如何成為同一股流體。

現在，連那個觀察也放下，只有一種完全靜止、絕對孤寂的感覺。心中一片沉寂。就安住在這靜默中，因為你的真實本性，你的光明自性終究會反映在靜默的心中、在絕對靜止的心湖中。

保持你感官的靜止、心中的靜默，再度讓你的呼吸輕柔地流動。在你的肚臍區域內好像有個火坑，氣能量的紅色火焰由此處冒起。從這裡，我們來到了奧義書中的一種冥想法門。

觀想在肚臍內有個祭祀的火坑，冒出一苗紅色的火焰。這苗紅色火焰隨著呼吸的路徑上升，和穿透你頭頂下行的太陽光芒相融合，好像那太陽放出的光芒由你頭頂中央進入，下行的太陽白色光芒和那上升的紅色火焰相會合。你的呼吸在上升的火焰和下行的光明路徑中流動。地界的能量上升，天界的能量下行，二者交會。

你的身體完全放鬆，忘卻身體，放掉它。

你觀想自己就是那個上升能量和下行能量的融合。下行的能量是光明的圓滿太陽放射出的光線從你的頭頂進入身中，上行的是氣能量從你肚臍內祭祀的火炕冒出來。你的呼吸好像是沿著上行和下行的光在流動，同時覺知到「搜瀚」的字音，它的意思是「我就是它」。這個光就是我。不是僅僅想著「搜瀚」這個字音，而要想著它的意義，也就是覺知到你就是這個上行和下行的光，你和它是同一個，沒有分別，你就是在上行、下行的那個，那個在上行、下行的。

觀想你就是這道光，就只覺知這個經驗，你呼吸流動時保持「搜瀚」，你的呼吸和這道上行、下行的光合而為一，圓滿的太陽放出下行的光芒，從你頭頂的開口進入。保持如此的覺知。

現在，開始覺知呼吸在鼻孔中的流動，保持你內在的寧靜，保持覺知你那光明的自性。安住在如此的覺知中，保持「搜瀚」之流和呼吸在鼻孔中的流動，輕輕睜開你的眼睛。

我俯首雙手合十當胸，以我心中所有的愛，以我手中所有行動之力，以我腦中所有的念力，我為你獻上上師傳承的愛，也對你內在的神明頂禮。願神和上師傳承賜福給我們。

請把燈打開。

✿

瑜伽的經典是在講解瑜伽和冥想的方法。《奧義書》所講述的不僅僅是方法，還描述了方法所帶來的經驗。《奧義書》中不斷地強調，知識必須要經由師父傳給弟子。我們談到過，我們不免要和世間外物有所交涉，就可以利用這些外物，將它們變成達到靈性開悟的載具，這就如我所說的，用某一個已知的外物為明喻，慢慢地轉化自己心識的作用，使得粗大的外物變得越來越細緻，所以它成為了一種非常精微的象徵，而你要把自己當成它。

好幾百個世代以來，教導《奧義書》的大師所用到的其中一個手法，是逐漸提升弟子的境地之層次。我們可以用一個對我們有著巨大影響的外物，例如太陽、月亮、風、雨、天空等等，我們每天都會見到的一個很簡單的對象。譬如用太陽，我們要能認出那個讓太陽發光的能量，也在我們的內在放光。那個過程就是《奧義書》中的冥想法，它不是一個步驟又一個步驟的教學法，是用借喻的手法來教，而因為老師和弟子在講的是彼此都見過的東西，所以一聽就明白。所以若你去讀《奧義書》，其中提到各種各樣的儀式，也許頗具詩意，但那可不是一般意義的詩詞。當你用文字來描繪證悟到的境地時，就會顯得像是詩詞，但它們是真實境地。

你們得反覆去琢磨這些意境。我帶領大家做過的幾種冥想以及其中的步驟，你需要消化它們，把它們運用在《奧義書》的學習上面。

能如此，弟子的心識就能夠一步步地連上宇宙的種種能量之力。這是個漸進的過程，一次一種力。你內在的火連上宇宙的火，你內在流動的液體也許就能連上那同一個力，那個能流動的，從雲中降下來的。你眼睛的目光，就能和太陽裡面放光之力連結上。一次一種，然後把它們一起集為一個單一的宇宙之體驗，此後再超越這個宇宙的體驗，進入了那「第四」（turīya）。

在每一階段的體驗中，你都要保持這個念頭：「我就是那個自性」（so'ham ātma），「只有我就是這一切」（so'ham eva），「我就是那個」（so'ham asmi）。那個是哪個？我此刻所體驗到的，我就是那個力。我本以為是在我之外的力，並非外於我。它不在我之外，它也不過是我本有之力。我就是它。

能抓住這個我，抓住這種我的感受，能有這種「我受」（aham-grāha），能對某一個特定的力起了這種感受，到了極致，則是自然而然毫不做作，你的冥想就會有所不同。

所以，取自《奧義書》的大智慧語句，那些被稱為「摩訶偈語」（mahā-vākya）的精句，不只是在知性上肯定一己就是靈性的我「本我」（ātman），就是那個超越的大我「梵」（brahma）；「摩訶偈語」也需要運用於細細玩索在冥想中每個階段所感受到的體驗上。

我們不是從一開始就能肯定自己就是那個本我，就是那個「梵」；絕大多數的人需要有個過程，在開始時將自己那些個別的力與宇宙中種種的力結合，在每一個階段都要能肯定「汝即彼」（tat tvam asi），你就是那個，「我就是此」（so'ham asmi）。

然後，你連「那個」也要超越，要對自己說：「不是這個，不是那個。」（neti neti）很多人經常引用《奧義書》的這句話，來形容「神」的本質既不是這個，也不是那個。問題是，這個是指哪個？那個是指哪個？它指的是，你在目前這個階段所證悟到的。明白嗎？譬如你證悟到你內在的太陽和宇宙太陽成為一，當你的冥思境地提升到了這個地步，證悟到「我就是這個」，我就是這個太陽之力。一旦你成就了這個悟境，接著就要提醒自己「不是這個」（neti），不是，不是，這還不是，後面還有。每證到一個地步，就要捨去那個悟境。

這個道理，我在談到所謂「有相」（saguṇa）冥想的體驗時有非常深入的探討，我解釋過，所謂的有相冥想是所有那些帶有質性❶的都算，你要匯總那每個階段所體驗到的悟境，它們都是屬於一個整體系統裡的一個部分。

我忍不住要說，現代的冥想之人，不論西方人或是東方人都一樣，都把冥想的體驗孤立於自己生命的其他部分之外，孤立於自己的生活之外，孤立於自己的情緒、對日月星辰的體驗、對流水、對人際關係、對進食、對呼吸、對微笑、對一切見聞覺知的體驗之外，然而，所有這些感受的體驗都要能夠和它們在宇宙中所對應之力融合起來，然後，你要能找到貫通所有這一切之間的關聯性，這就是奧義書中冥想法門最後的一步。

★〈蓋亞曲神咒〉的意涵

我現在給你們透露一點東西，這已經夠讓你們忙上許多年了。不過，你們可不要立即開始提問，行嗎？所有奧義書中冥想法門的體驗，最終都會來到並融合到一個地方，那個地方就是〈蓋亞曲神咒〉（Gāyatrī Mantra）。很多人修這個咒，他們老是來問我：「修這個咒有什麼功用？為什麼要修它？修到最後會如何？這個咒的意義是什麼？你能否翻譯出來？」等等。

事實上，蓋亞曲的內涵就是我們這次帶大家所做的奧義書冥想法的總和。你懂了這些冥想，就懂蓋亞曲。這足夠你用上很多年的時間。

蓋亞曲的內容是什麼？整個咒語分為三段：

tat savitur varenyam

bhargo devasya dhīmahi
dhiyo yo naḥ pracodāyat

三重，這是個三合，這三段話又可以再濃縮為三個字：bhūḥ, bhuvaḥ, svaḥ，不過連起來讀的時候，基於文法的連音規則就成了 bhūr bhuvaḥ svaḥ，那就是所有冥想經驗的終結，然後再濃縮就變成了那個超越一切的 om。斯瓦米拉瑪曾經寫過一本書《開悟不靠神》（*Enlightenment without God*，中文書名譯為：唵與自力成就），就是在講 om。

蓋亞曲的所在處是心中心。基本上，它是一個心中心的咒語，至於這個心中心是什麼則是另一個問題。這個心中心是太陽的中心。這個咒語的三段話大意是：「**彼太陽神靈之燃燒中的美麗光華，我們對彼冥思安置彼於自己內中，願彼啟發我們的智慧。**」這是在對什麼冥思？是對那神聖太陽冥思。

例如，今天稍早前我帶大家冥想時所觀想的方式，那只是其中一小部分。你們很多人恐怕不容易觀想得起來。《奧義書》中的聖哲要年復一年、年復一年坐在森林中，傳說要坐上好幾個世紀，最終他們能像太陽一般大放光明。只有他們能明白所謂那個在太陽之內的神力。那本身就是一種冥想。在冥想時，是要能讓心中心的力和「太陽」之力合一。不過，那就需要接受過所謂「日學」的啟引才行。斯瓦米拉瑪有一張照片，是有一位女士用「拍立得」相機為他拍下，照片中他的胸口就顯現了一個太陽。那，就是蓋亞曲神咒。

那個太陽絕非一般物質的對象，而是宇宙中神明之臨在，每一步都要與它合一，它就是那個我所冥思的對象，請你務必瞭解這個道理。常有人問：「我應該對什麼冥思？」我告訴你，只要你還在對什麼別的東西冥思，就不是冥想。冥想始於合一，也終於合一，就是「so'ham asmi」（我就是那個）。

這種冥想需要配合特殊的咒語，不是你們平日在做的那種冥想。但請不要上過課之後回去自行做這個冥想。請不要放掉你的咒語轉而去冥思太陽、月亮、星辰，這對你不會有幫助。目前你還是要繼續用老師教你的冥想方式。我這次所介紹的冥想法，不過是讓你稍微認識到天有多高、地有多厚。你可不要好高騖遠，明天就想在心口顯現出一個太陽來。要走的路還很長、很遠。對自己冥想的成就起了驕心和慢心，可是個大敵！

★冥想進步的益處

對於做這些冥想的功夫而有進步之人，經典上說有三種現象會逐一出現在他身上。首先是「消罪業」（durita-kṣaya），以往所犯下的罪行在你心中所留下的印記（saṁskāra），成為你個性上的弱點、罪惡感，而如今那些罪業的力量會被耗散，內在負面的力量被減弱。產生的結果是「得自在」（aiśvarya-prāpti），能成功自在。凡是在世俗生活中失意之人，靈性生活中也不可能得意。凡是夫妻關係、子女關係失敗之人，在師徒關係上也不會成功。

由於你內在負面的因素消散了，在你周遭所發生的都是正面的事，你成為自在者，能自由自在。你的心不會再為那些細微的恐懼而顫慄，像是「未來會發生什麼事？」「我會如何？」「這件事太難了，我做不來！」

要知道，上師總是會分配一些你認為太難的事給你，說：「去做它！」你會說：「可是上師，這是我一向最討厭的事。」他說：「你儘管去做，然後我會教你一些更高深的冥想。」但是你不聽上師的吩咐，然後還埋怨他沒有履行諾言。

你要跨越自己目前的界線範圍。目前你心中有種種為自己所設下的限制，要克服它們！要像訓練馬匹跳過障礙圍欄一樣地訓練自己，去做你不想做的事，克服內在的壁壘，那就是靈性有所進步。

你要容納內在的對立面。目前你所經驗到是你的觀點、你的情緒、你的感受、你對任何事的信念，然而，凡是跟這些對立的，你都要把它收進來，讓它和你原本的立場並存。

要容納對立面。這並不表示要你否定目前的立場，你不需要放掉原本的觀點和感受，而是要你去體驗兩者都是同一件事不可分割的部分。那就叫做圓滿。

《奧義書》說，

vidyāñcāvidyāñca yastadvedobhayaṁ saha |
avidyayā mṛtyuṁ tīrtvā vidyayā'mṛtamaśnute ||
（*Īśopaniṣad* 11）

大意是：能同時了知無明煩惱和菩提智慧之人，就能克服由無明而起的死亡，因此能得到由智慧而來的永生。

大多數奧義書中的冥想法門都是在「寸心」中為之。我們是那個「心」的生靈，我們的反應不是經由理智分析而來，我們真實的反應是生自「心」中。心靈用語的「心」，不是生理上的心臟，而是那個我們稱為心穴中心，在心識中心的「心」，不同於解剖學上的心臟。

《瑜伽經》第三篇三十四經說：**於心，解悟心地**（hṛdaye citta-saṁvit）經中說，由於專注於心穴，能解悟心地。專注冥想心穴部位有成的人，能掌握到整個心地。注解《瑜伽經》的大師威亞薩在解釋這句經時說，「**這個神的城都，其實是一間內室，也就是內在的空間，也就是一朵蓮花，由於能成就專注於在那間內室中冥想，在那整個空間內，在那蓮花中冥想，就能成功了悟整個心地的本質。**」

★心穴中心與觀想

《奧義書》中對位於心穴中心蓮花的形象觀想，大致是如此描述的。

觀想在你心窩內有一個封閉的空間。在那個封閉的空間中有幾個非常纖細的「開口」，梵文叫做 suṣi，或者 suṣiram。每個開口只夠容一線光明通過。有一個開口朝東，一個朝南，一個朝西，一個朝北，它們分別是朝向你身體的前方、右方、後方、左方，然後還有一個開口是朝上的。開口是如此地纖細，所以你能在透過開口的光線中見到懸浮的微塵粒子。你心內的光芒是由朝向身體前方的開口透出，然後升向太陽。它朝東方。

這也就是你為什麼在日出時冥想要面對太陽而坐，也要在日落時冥想。這兩個時段是冥想的時間。梵文稱早上日出以及傍晚日落的微光時刻為 **sandhya-kāla**，是最深沉、最和諧的冥想時段。我們面向太陽而坐。太陽是你真正的燭光。只要太陽在燃燒中，你不需要任何其他的蠟燭。你觀想那個光線從你心穴前方的開口透出，上達太陽。太陽之力和你眼睛能見之力相同。

你們知道「氣」分五種，心穴的五個開口也是生命力「氣」（**prāṇa**）的五個開口處，依東西南北上的方向，分別為「呼吸氣」（**prāṇa**，也有說是「入息」）、「周身氣」（**vyāna**）、「下行氣」（**apāna**，也有說是「出息」）、「環腰氣」（**samāna**）、「上行氣」（**udāna**），我們沒有時間細講這個題目。

你心穴內的光由前方的開口透出，上達太陽，而太陽下行的光明也是從這個心穴開口進入。能精通這個上行、下行光明的觀想冥思，有這種冥想的體驗，也代表了能夠掌握眼睛視覺的官能。

冥思觀想

你現在坐著，先閉上眼睛，完全放鬆。觀想你進入那個心穴內的空間，進入時要感覺毫不費力。

你的整個身體是放鬆的，然後忘掉身體。放掉你和身體的連繫，完全忘卻身體，剩下來的只有那個心穴內封閉的空間。

在那個封閉空間朝前的方向，有一個非常纖細的開口，你的所有情緒之力、所有心內經驗之力、生命之力的「氣」，匯集在這個開口處，由此升達太陽。太陽是天體中白色光明的圓球體。那個太陽有一道耀眼的光明，它匯集了太陽中所有的光明，照射下來並由同一個開口處進入。此時，你的心識在心穴中心和太陽之間往返來回。

太陽的光明此刻經由兩個渠道入到你的內在，一個是進入這個心穴中心的開口，另一道光明則是觸及你的眼睛，然後經由眼睛進入你的心穴。由於光明是來自同一個太陽，你的眼睛和心彼此之間沒有距離。

在修〈蓋亞曲神咒〉的人，此刻要讓〈蓋亞曲神咒〉布滿你心穴的內室，你要觀想著：我是在對那個光明燦爛的天體太陽冥思，也將那個太陽維繫在我裡面。

好，輕輕睜開眼睛。

跟上面這個冥想類似的，也可以同時觀想心穴的五個開口，朝東的、朝南的、朝西的、朝北的、朝上的，每一個開口對應不同的「氣」，對應不同的官能（分別是眼、耳、言語、心念、帶動全身循環系統的風），也對應不同的自然界對象，分別是日、月、火、雨雲、廣袤的虛空。

心穴內的空間，向來都視之為一朵蓮花，所有的文字就是它的花瓣。你可能認為這樣的形容很具有詩意，但這都是內證見到的，不是憑空捏造出來。在這個意義下，詩歌和玄學是合一的，詩歌和哲理是合一的，詩歌是對實際體驗的描述。

順帶一提，絕大多數的「有相」冥想，就是對具有質性的對象冥想，是出自三部奧義書：《歌者奧義書》（*Chāndogya Upaniṣad*）、《廣林奧義書》（*Bṛhadāraṇyaka Upaniṣad*）、《鷓鴣氏奧義書》（*Taittirāya Upaniṣad*）。

《歌者奧義書》中有一段故事如下：

久遠以前，有位學生名叫烏帕寇薩拉（Upakosala），他守「梵行戒」，意思就是守「弟子規」，傳統上，這兩個名詞是同義詞。他的師父是大聖人，名叫薩提亞卡馬・嘉巴拉（Satyakama Jabala）。

師父答應弟子，有一天會把真實知識傳給他，不過，他必須待在道院中，負責顧好院中祭祀的火種。道院一共有三個火種，分別為不同的儀式所用。

弟子無怨無悔地看顧道院中的火種十二年，其間師父傳授知識給許多別的弟子，讓他們學成結業離去，就是沒有來教導烏帕寇薩拉，讓他畢業。

傳統上，如果師父對某個弟子特別嚴苛的話，師母就會去疼那個弟子，不過往往會因此壞了師父的本意，也成為師父和師母之間爭執的所在。

可憐的少年烏帕寇薩拉默默服侍了十二年一無所得，憂鬱到無法進食，師母眼見他好幾天都不吃飯，來勸他都無效。

時間一天天過去，他還是無法進食。這時，三個火種說話了。「多年來我們都靠他照料，既然他的師父不肯教他，那麼就讓我們來教他吧！」

於是，三個火種為烏帕寇薩拉傳授了最高的知識，對他說：「你在求的那個『梵』（brahman），至高無上的神，你的『氣息』（prāṇa）就是梵。『ka』是梵，『kha』

是梵。」

少年說：「我懂『氣息就是梵』的道理，不過，不明白『ka是梵，kha是梵』，是什麼意思。」

三個火種說：「『ka』是你感受到內在所有的喜悅，所有的歡樂，那就是梵。『kha』是你經驗到內在所有的空間，在你感官內的空間，在你周圍的空間，不論遠近，它們都是梵。」

接著，三個火種又分別向他傳授知識。

一個火種說：「這個地、這個火、食物、太陽，就是祕密所在。我為你傳授它們的祕密。你要知道，有一個在太陽中發光的人，我（自己）就是那個。我只是他。我們（按，指眾生）要侍奉他。如果能在此生及來生有這個知識：知道有一個在太陽中放光的人，要對他禮拜，也知道我（自己）就是那個在太陽中放光的人。能證悟此理之人必然能夠長壽，子孫輩也能不受苦厄。」

另一個火種傳授他流水的祕密，以及在星辰內放光者的祕密，並且告訴他，懂得這些祕密之人，也能擁有長壽快樂的人生，永無苦痛。

第三個火種教導他氣息的祕密、空間的祕密，教他知曉在閃電中的放光者，而我自己就是那放光者。

冥思觀想

把眼睛閉上。

觀想雲，雲布滿了你周遭的空間，旋繞著你。你是在放光的生靈，你的身體是環繞著你的雲。肯定你就是一個光體，被烏雲環繞。觀想有白色的閃電光，閃現、閃現，繞著你。

既然你的身體是環繞著你的雲，就讓電光在你身體之雲中閃現。強烈的白光閃電。來到的雜念都呈現為雲，遮住了閃電。去找出閃電，看著它閃現、閃現。這是昆達里尼的閃電。讓閃電繼續閃現。

讓這閃電和天體中的閃電合而為一，因此，在地面的這個身體和天體中，只有一個閃電在閃現、閃現。

在你的肚臍中心燃燒的祭祀之火中，也起了一道閃電在全身閃現、閃現，你要把這道閃電認作是你自己。搜—瀚，我就是那個。我是這個生靈的閃電。是這道閃電在想，我就是那個。我就是這道閃電。我就是在閃光的那個。

繼續認這個活的閃電就是你，不要失去這個想法，輕輕地睜開眼睛。

譯註

❶ 質性（guṇa），有質性就表示仍然是屬於「物」的範疇，請參閱「數論」。

part 2

調息的精要與實作

1

認識呼吸覺知

呼吸覺知的細緻面

首先要提醒大家，你在靜坐時，如果下巴下垂，頸子向前彎，或者脊柱鬆垮，這不是身體所造成的，它只意味著你的心思遊蕩開了。你要留意身體出現這些心思遊蕩的象徵，要把身體調正，頸子要正直。

我以前給大家三個標準去檢驗自己的呼吸：呼吸流動均勻而沒有頓挫；呼氣和吸氣的長度相同、力度相同；呼氣與吸氣之間沒有停頓。

你依這三個標準練習一段時間之後，再加上另一個標準，就是空氣在兩個鼻孔中流動的力度要相同。

這不容易做到，需要一段時間，可能要幾年的功夫才能掌握。當你的右鼻孔呼吸的力度較強的時候，大腦的左半球會比較活躍，而當你的左鼻孔呼吸力度較強的時候，右半腦比較活躍。這表示人格構成的兩個對立面（陽性和陰性、日和月、火和水、交感神經和副交感神經），還沒有完全平衡。所以，你的直覺和理性、整體宏觀思維和局部觀點與分析，就不能調和。當你的左腦和右腦是處於完全均衡的狀態，那麼所有的官能都能充分得到運用，你的心就不會有高下起伏。

●延長呼氣和吸氣的長度

當你能掌握這些標準之後，可以再加幾個步驟，更上一個層次。譬如說，你能大致上做到呼氣和吸氣的長度保持相同，但必須是在不給胸肺帶來壓力的前提下為之。在胸肺上用力就不會讓你放鬆，只會帶來緊張。

再強調一次，我們要用橫隔膜來控制呼吸，完全不出力，不需要費力去維持橫隔膜式呼吸。譬如，你呼氣的長度是數到五，而吸氣的長度也是用同樣的節奏數到五，或者呼氣的長度是重複咒語三遍所用的時間，而吸氣也是同樣節奏的三遍咒語。注意在節奏上要大致相同，不要隨意改變。

當你能輕鬆地做到，能在放鬆的狀態下為之，不需要在胸肺上用力，而是用橫隔膜自然不費力地呼吸，沒有任何緊張，那麼，你可以試著在原來的數目上再加上一、二個數目。例如，你原本在呼氣時是數：一、二、三、四、五，現在數：一、二、三、四、五、六、七，然後，不要停頓，立即吸氣，也數到七。這是第一步，增加數目。

●注意呼氣的過程

第二步，當你在覺知呼吸之流的時候，特別注意呼氣的過程。呼氣和副交感神經系統是相連的，真正的禪定狀態是在呼氣之時來到。所以，除了延長呼吸之外，要再加上特別留心自己呼氣的過程。這可不是說你在吸氣的時候心就漂浮了，而是你要在呼氣的時候特別注意此過程中心念的流動情形。

有很多人出於好勝心，會試著超越自己的能耐。你會想，我昨天在靜坐的時候發現數到「五」太短，而可以輕易數到「六、七」，乃至於「十」，為什麼我還要繼續數到「五」，不能直接跳到「十」？可是你發現自己今天就是沒有辦法輕易做到，必須要使勁才能做到。為什麼？你是哪裡做得不對？

●認識心的運作

這就需要認識心的運作情形。心對於所有感官的「輸入」和「輸出」都會起反應，都會成為印象而留在心識中。所有的「輸出」都是心在表達什麼，都是源自於心識。即使在不講話的時候，我們也是在表達，而所表達的是以前留下來的印象和記憶，是以心念的言語形式在表達。所以，我們的心念之流會不平靜，是因為我們的心無時無刻不在接收外界輸入的印象記憶，以及輸出我們的印象記憶，它們影響了我們的心識狀態。我要再次強調，**每一個輸入固然是輸入，然而，心的每一個輸出也是一個輸入，同樣會在心識中留下印象記憶。**

在言語靜默中，我們要訓練的是，讓自己的心不會因為輸出言語表達而接收到其輸入。假如你的言語表達及任何的行為都只是一種輸出的話，你對它們就不會留下任何記憶。你會記得自己曾經說過的話，曾經走到，曾經笑過、哭過，曾經提起什麼、放下什麼，這就證明了每一個行為不單是輸出，也同時是輸入。所以，靜默的其中一個目的，就是在於停止這種不停地輸入，不停地在心識中留下心印，以致其後引起所謂、所謂、所謂那種無意識的行為反應過程。注意，我將「所謂」說了三次，因為絕對無意識的行為是不存在的。

其次，身體的疲勞也會影響到你的心。身體會感到疲勞有兩類原因。一類是外在的，一類是內在的，內在的又可以再細分為兩、三個原因。內在的原因是身體疲勞的主因。外在的原因不過是單純的日常行為引起的，過度的勞動會消耗肌肉貯藏的能量，就需要補充能量，需要休息。造成疲勞的內在原因，正是疲勞的主因，亦是我們需要睡眠的主因、構成夢境的主要成分，那就是：干擾我們的情緒。這是我們身體會疲勞的主因，請你們務必要記住這一點。

形成疲勞的身心循環是個很複雜的題目，需要專門論述，以後再詳說。現在你要明白的是，**情緒的干擾是心力能量消耗、流失的主因。**情緒的干擾會使得心力變弱，影響到氣能量變弱。情緒干擾會使得我們心肺活動變得不均勻。首先是心肺器官、橫隔膜、肚臍部位的運動規律都受到影響，再來就是影響到交感和副交感神經系統，以致於所有器官的運作因而開始失調，細胞開始失常，器官開始失常，肌肉和氣脈出現糾結等等。

言語本身就是對心肺律動的一種干擾，會引起心肺系統的失調，進而消耗能量。心、肺、胃等身體內在器官的失調，都會消耗能量而引起疲勞。失調就是和天地間的「音頻波系統」（nāda）不同調、不諧和。而這個音頻波系統在人體所體現的是「氣」（prāṇa），氣就是音，音就是氣。所以我們會說「調和」或「失調」，就像是音樂的協奏是所有樂器彼此要能諧和一致，樂團中一支小提琴走調就會干擾到整條交響曲，人體內所有的器官也需要調諧。

還有，你的眼睛是用來看，耳朵是用來聽。但是，有的人在傾聽的時候為什麼要睜大眼睛？不需要使用到的感官，就該讓它放鬆，如此你可以更集中注意力於需要用到的感官，聽什麼就能聽得更仔細，也不會把能量由不需要使用到的感官流失出去。

講回到為什麼你今天的呼吸無法不費力的從數到「五」延長數到「十」，這多半是因為你昨天靜坐那個時點之前的二十四個小時，乃至於之前十五分鐘所接收到的，不是那種會讓你消耗能量的輸入（這包括了輸出），你的心態處於比較平和的狀態，你的身體處於比較調和的狀態。其次，你不應該如此驟然延長數息的長度，要試著延長的話，不要立即由「五」跳到「十」，而應該要漸進，試著延長到「七」或是「八」。

所以，你要進步的第一個步驟是延長呼吸，而且必須是不需要使勁加壓於呼吸器官，胸肺要能不感到壓力，橫隔膜要在自然不費力地的情況下運作，肚臍部位的氣的那一苗火焰要能穩定平順地燃燒。直到你每一次坐下來練習的時候，呼吸都能很容易且不費力地數到「七」或「八」，不短過它，也不長過它，直到你有信心這已經成為你自然的呼吸狀態時，再精益求精，開始增加數息的數目。

詩人泰戈爾說得好，「在春天到來之前，你再怎麼撼動花苞，也無法讓它綻放成花朵。」記住，切勿躁進。

你呼吸的功力，不是用氣息的長短來衡量的。你呼吸的功力，是來自於能專注於對呼吸之流的覺知，這也是衡量功力的標準。我強調，對呼吸的覺知力，既是呼吸功法的起始處，也是衡量呼吸功力的標準所在。

接下來，如我前面說過，你要想辦法讓呼吸在兩個鼻孔中以相同的力度流動。

●中脈呼吸

第三，只有當左右兩邊的流動力度大致相同了，表示左半腦和右半腦的作用大致均衡了，你才能進入中脈（suṣumnā）呼吸法。如果你能夠保持中脈呼吸，連續做上二、三次呼吸，中間沒有停頓的話，就可以再做下一步。

你要了解，每當你心識的境地層次有所提升，對你而言，禪定冥想的定義就會有所改變。一開始，我們說的冥想就只是指對呼吸的覺知。後來，我們把這個過程細緻化，強調是要加強對呼氣的覺知。再進一步細緻化，是要均衡左右鼻孔的呼吸之流，藉由對鼻腔內勃起組織的刺激，使得左右半腦達到均衡狀態。也許你不知道，科學研究已經證實，有些非常微小的腦細胞是連結到鼻腔，只需要有細微的呼吸之流的刺激，就可以牽動到腦細胞，在大腦深處產生反應。

所以，當你能做到中脈呼吸的時候，冥想對你而言又有了不同的意義。現在，這不再只是左右半腦的均衡而已，不只是反映在左右鼻孔的呼吸之流的均等而已。到了中脈呼吸的階段，冥想的定義也改變了，對立的兩邊融合為一，左右鼻孔的呼吸融合成為一道單一的流體。

在此之前，你是在均衡左右鼻孔的呼吸之流以產生中脈呼吸。現在這個改變更細緻了，你直接用中脈呼吸，將左右脈的能量導入中脈，反過來使得左右鼻孔的呼吸之流自然達到均衡。本來的因，現在成了果。本來的果，現在成了因。這是第四個步驟。

●觀察心念之流

再進一步，也是冥想更細緻的定義，你可能需要用上好多年才能做到這麼細緻的地步。本來，我們是用呼吸做為冥想的主要下手處，這個方法的目的是帶動心念隨著對呼吸之流的覺知而融入呼吸之流，是以呼吸之流做為心念之流的載具。然而，到這個地步，我們要把呼吸之流給放掉，丟下載具，在那短暫的幾秒鐘內，單單只去觀察心念之流、意識之流，是如何均勻地流動。

此前的步驟中，我們是用呼吸之流為因，它引起的心念之流為果。此處，我們又是反轉因果，因為你能夠讓心念、意識成為一股平順均勻的流體，結果是呼吸之流自然變得平順而流暢。

如果你能在未來的五到十年內做到這一步，就算是做得非常好了，距離掌握死亡之道就只有一步之遙。我希望能帶著你們當中少數幾位，一直去到那個能夠有意識地進入死亡之道。畢竟，死亡是什麼？不外就是呼與吸之間的一個長期的停頓。

●步步踏實，不可急躁

不要急，也不可急。每次只邁進一小步。為了向別人炫耀或是為了滿足自己的虛榮心，急著去練高深的功法是沒有意義的。你能長時間屏住呼吸並不代表什麼。日本的「海女」是一群能長時間徒手潛入海底撈取珍珠的婦人，能在水下閉氣長達二十分鐘，但你能因此說她們是瑜伽士嗎？

瑜伽之道可不是一條華麗之道，不可對人炫耀，而是要讓功夫不斷地越做越細緻，越來越精微，所以沒有很多人能走上這條道路。《瑜伽經》說：「然而，那需要長時間、無間斷、虔誠、如法，才能穩固。」（sa tu dīrgha-kāla-nairantarya-satkārāsevito dṛḍha-bhūmi ）帕坦迦利的用字是「āsevitaḥ」（如法），這是源自印度醫學阿育吠陀的用字「āsevanam」，是指使用的劑量，以及使用的時間要遵從醫方。例如，醫師給你開了七天的抗生素劑量，你連吃三天之後停下來，然後在第七天一口氣吞下四天的劑量，可以這樣嗎？當然不可以。瑜伽的練習需要有規律地長時間去做，直到它在心中刻下一道深深的印痕，形成了一條溝槽，所以心念自然流入這個溝槽。

常有人問我：「我已經花了好幾個月的時間做這一套功法，現在能否讓我去練進一步的功法？」我都會反問，你是否已經把目前的練習做到純熟了？我所定義的純熟，是能進入那套功法所能給予你的最高境地，要能夠在不需要做任何準備功夫的前提下，直接進入那個境地，而且想要保持在那個境地多久就可以保持多久。能做到這個地步，那才算是把這套功法做到純熟了。

所以，你要按部就班去練那些呼吸的步驟，不要想走捷徑一步登天，不要聽了這些步驟，自以為是大師就拿出去教人。

還有一條要注意，你去練的時候要一步一步來，不要超過自己的能耐，不要因而造成身體的失調，反而傷到自己。這是帕坦迦利《瑜伽經》第二篇第一句經在講「苦行」的時候所揭櫫的原則。苦行不可以傷到身體，不要造成失調。瑜伽和阿育吠陀一樣，要注重均衡調和。有的人，尤其是在印度，以為在瑞斯凱詩（Rishikesh）的深冬時節，清晨四點鐘起身去洗冷水澡，然後來靜坐，會是一件有功德的行為。這是走極端的行為，請不要走極端。

還沒有把身體給訓練好的人，患有宿疾的人，上了年紀的人，尤其是有老年病痛的人，往往無法常時間保持一個姿勢靜坐，就可以考慮用一些輔具。

印度有一種支撐的輔具叫做 bairagan，字面的意思是「女伴」，有很多雲遊的苦行僧會隨身攜帶兩件物品，這就是一個。另一個是由瓠瓜殼做成的水壺。

這個支撐的輔具可以有三種不同的形狀，一種頂端是弧形的，可以用來支撐下巴，那你的心念就不會游移。另一種的頂端是平的，大約有七十公分到一百公分長度，當你坐累了，可以將雙手臂托在上面，就可以長時間坐著。第三種是托住腋下，可以用來改變左右呼吸之流。有時候，我很勞累卻必須要工作，就可以用來托住左腋，如此很快就能改變呼吸之流，右鼻孔右脈的呼吸會變得比較通暢，能提升能量。有些人的身體是 mandāgni，就是火力不足、消化力弱，也可以用這種輔具來得到改善。你需要的話，在印度可以買到這些輔具，乃至可以根據你的身高來訂製一把適合你身形的托架。

當然，要改變呼吸之流，也可以先把呼吸調整到中立，就是先做到中脈呼吸，然後再選擇是要讓哪一側的呼吸變得較為活躍。

講回你的練習。你不要野心太大，要試著慢慢延長自己的呼吸。現在你練習延長呼吸的時候，要注意不可以給胸肺、橫隔膜製造壓力，要在無需用力自然而然的狀態下為之。如果你在練的時候會感到不適，在前後兩口氣之間會有憋氣的感覺，就表示做得不對，或者步子邁得太大，超過了自己此時能耐的極限。

延長呼氣的其中一個效果，是提升副交感神經系統的作用，也就意味著你的冥想變得更細緻，所以你要朝這個方向慢慢前進。

有時候在行走中，停下來一秒鐘，進入那個狀態。在進食中，停下來一秒鐘，進去。大師和弟子的不同在於，大師能隨心所欲從任何狀態立即進入任何別的狀態，而弟子則需要先經歷幾個前置的步驟，才能進入想要的狀態。這是成為大師的第一個資格。大師的第二個資格，是能夠加持弟子，把弟子立即帶進任何一個狀態。這才算是真正的大師，而不是今天滿街都是的那種所謂的大師。

如今每個人都成了大師，沒人是真正的弟子。你們可不要落入這種陷阱。若要進入下一個階段更細緻的功夫，就把自大的心態放掉。不要因為一時偶然的成功，就認為自己有成就了。我告訴你，今天你做到了，明天早上你再試，它就怎麼都不成。

最重要的是，你待在我們學院的日子裡，整天都要去試著直接進入你內在最深邃的那個靜默斗室裡。

（斯瓦米韋達停下許久，靜默不語。）

一旦你能穩定地停留在那個靜默的斗室中，就只去觀察自己的呼吸狀態，在那靜默的斗室中觀察自己的呼吸。

願神祝福大家。

呼吸覺知的十四個步驟

坐姿穩定。背脊正直。四肢平衡。心中平靜。

將靜坐獻給上師，願上師與自己一同靜坐。

觀察自己的全部身心。依照慣常的方式放鬆全身。

1. 感覺呼吸似乎由頭到腳、由腳到頭在全身流動。
2. 感覺胃部和肚臍之間的區域，隨著呼氣和吸氣，輕輕地凹陷和凸起。
3. 感覺呼吸在肚臍和鼻孔之間的一條通道流動，那是非常細微的一條通道。
4. 現在，當呼吸在這條通道流動時，感覺呼吸似乎觸及肚臍、心窩、眉間的中心點。
5. 呼吸反方向流動時，依序觸及眉間、心窩、肚臍的中心點。其實不是呼吸在做接觸，而是你的心念和氣的能量流，隨著你觀察呼吸時，在接觸肚臍、心窩、眉間。保持這樣的流動覺知。

6. 現在，當你的氣能量接觸到這些中心點時，讓你的咒語在這些中心點閃現。

7. 咒語不只是停留在某一個中心點，如果它隨著氣能量流去到下一個中心點，就讓它流動。

8. 現在加入喉部的中心點，呼吸在肚臍、心窩、喉部、眉間四個中心點上下流動，咒語在每個中心點閃現。

9. 咒語也隨著從一個中心點到下一個中心點流動，感覺呼吸、氣能量、心念接觸四個中心點。

10. 讓咒語自由流動，即使你感覺到它在接觸每一個中心點。

11. 現在，就只感覺呼吸在你鼻孔中流動，呼氣、吸氣，保持呼吸輕柔、緩慢、平順，沒有間斷。

12. 現在，如果你心中起了任何雜念，讓它隨著呼氣消逝，吸氣時，進來的是寧靜、平和的心念。

13. 呼氣時，觀想你將緊張、憂心、失意、憤怒、惡意的情緒呼出。吸氣時，觀想進來的是放鬆、無憂、積極、慈悲、無分別心的心念。把負面情緒呼出去，讓正面、美麗的情緒吸進來，呼與吸之間沒有停頓。吸氣時，觀想你是慈悲之海，光明，充滿慈愛，心地如同水晶般通透。

14. 現在，你的心地是慈悲之海，呼氣時，觀想將大愛散布給苦痛中的無明眾生。你是慈悲的菩薩，呼氣時，將安樂光明帶給十方的無邊苦難眾生；吸氣時，是將一切無明、苦厄吸入，溶化在那慈悲之海中。宇宙因而滿布慈悲的光明和愛意。你自己內外只有光明和空虛。沉浸在這個光明中。感恩上師傳承賜予自己咒語，願得到加持，自己早日成為光明的生靈。

覺知咒語，用雙掌罩住雙眼，在掌中睜開眼睛。

不可急於一次把所有步驟做完，要一步一步來，等熟練了才進入下一步。

2

調息的精要與實作

調息練習的精要

（編者按：本篇匯集了斯瓦米韋達在不同時地，對不同基礎的學生所講述的種種呼吸修練方法的精要，其中有屬於靜坐冥想的呼吸法，也有屬於一般瑜伽所習見的調息呼吸法，深淺不同。練習瑜伽已經有一定基礎的讀者，可以參照本篇來與自己的練習方式做比對。）

絕大多數人目前的呼吸狀態，其實不能稱為是呼吸，而是在喘（gasp）。你的呼吸不夠平順。

根據吠檀多及《瑜伽經》，所謂的「禪那」（dhyāna），或者說「冥想」，基本上是要到了：「單一覺知持續於彼處，是為禪那。」（tatra pratyayaika-tānatā dhyānam，《瑜伽經》第三篇第二經），也就是心念的認知成為單一的平順之流（單一的持續）。這是由修練觀察呼吸之流的基礎而來，所以，呼吸必須要先平順，不能起伏不定。

呼吸時，最基本要做到：一、橫隔膜式呼吸，由肚臍的 prāṇa 之座（氣機所在）

流入、流出；二、穩定平順地流動；三、呼與吸之間沒有間斷。

●基礎練習

第一步，永遠先把注意力帶回到自身，神的殿堂。

放鬆。否則貯藏在身體各部位的念頭和情緒會在你靜坐時岔進來。

感覺呼吸，這有幾個步驟：

1. 觀察胃部與肚臍之間的區域，隨著呼氣和吸氣而輕微凹陷及凸出，保持呼吸平順，沒有間斷。
2. 覺知呼吸，同時注意力主要放在臍輪部位，這是以決心（saṅkalpa）喚醒「氣」（prāṇa），待呼吸穩定了就可以加入咒語。
3. 觀想肚臍與鼻孔之間有一條通道，觀想的通道越細微（有如藕絲）越佳，可以加入咒語，呼與吸之間沒有中斷。
4. 只覺知呼吸在鼻孔中流動即可，先不要加上咒語。
5. 覺知呼吸在鼻孔中流動，同時數息，可以數一（呼）、二（吸），或者由一

（呼）、二（吸）……數到五（呼），再由五（吸）倒數回一（吸），如此循環。（各種數息法詳見後文。）

6. 現在用咒語取代數息。保持呼吸平順而沒有間斷，觀想呼吸、心念、咒語如何匯合成一股流體。

7. 保持如此的覺知和呼吸，慢慢睜開眼睛。

其他的變化方式有：觀想肚臍與鼻孔之間的通道是一道光，隨著呼吸上下流動。也可以觀想一道光在脊柱底端和頭頂間，隨著呼吸沿著脊柱上下流動。

●呼吸覺知的數息法

數息有助於專注在呼吸的覺知上。

• 呼吸覺知的進程

第一步：在開始之前，先做鱷魚式。

第二步：放鬆。做橫隔膜式呼吸，覺知呼吸的情形。

第三步：數息，方式有以下幾種：

1. 呼氣時數「一」、吸氣時數「二」，呼氣時數「一」、吸氣時數「二」。

2. 呼氣時數「一」、吸氣時數「二」，呼氣時數「三」、吸氣時數「四」，呼氣時數「五」。吸氣時數「五」、呼氣時數「四」，吸氣時數「三」、呼氣時數「二」，吸氣時數「一」。

3. 呼氣時數「一」、吸氣時數「二」、呼氣時數「三」、吸氣時數「四」，以此類推，一直數到「十」。再由「一」開始，數到「十」。

4. 呼氣時數「一」、吸氣時數「二」、呼氣時數「三」、吸氣時數「四」，以此類推，一直數到「十」。再由「十」往回數到「一」。

5. 呼氣時數「一〇七」、吸氣時數「一〇八」、一路數到「一」，再往上數到「一〇八」。如此重複。

重複你選擇的方式。結束時，睜開眼睛，繼續數息，覺知自己的存在。

如何決定該用哪一種方法？

第一和第二種的數息法比較容易，適合初學者。

第三和第四種比較難，而第四種的難度又更高，因為很多人在往回數的時候更需要去想。

第五種則是最難的，只適合已經練了前四種方法一段時間，而且不會感覺困難的人。

● 音聲瑜伽（Nāda Yoga）

（譯者按，此處是以「搜—瀚」的音聲配合觀想呼吸〔其實是意念〕在身體內流動，屬於初級的音聲瑜伽練習。）

● 步驟說明

1. 坐直，雙手放在腿上，手肘不要張開，胸腔才會打開。
2. 首先觀想呼吸流經全身，從頭頂到腳趾，又從腳趾回到頭頂。呼氣時，心中想著「瀚」（ham），吸氣時想著「搜」（so）。你感覺到的流動不是呼吸的空氣，而是內氣（prāṇa）。
3. 現在繼續用「搜—瀚」，觀想吸氣時是由腳趾往上流，經過全身，從頭頂呼出去，去到無盡。這是瑜伽士捨棄肉身之路徑。

4. 繼續用「搜—瀚」觀想：

吸氣（腳踝入），呼氣（頭頂出，去到無盡）。

吸氣（膝關節入），呼氣（頭頂出）。

吸氣（會陰入），呼氣（頭頂出）。這個呼吸法對守梵行淫戒的人是很重要的。

吸氣（肚臍入，啟動臍輪，觀想此處有一苗紅色火焰），輕輕吸氣上行，呼氣（頭頂出）。

吸氣（心穴入，在雙乳中間位置，觀想此處有一個發光的「陵伽」（linga）❶，由心輪輕輕吸氣上行，呼氣（頭頂出）。

吸氣（喉輪，觀想此處是藍天），輕輕吸氣上行，呼氣（頭頂出）。

吸氣（眉心輪，觀想此處有一苗似水晶的透明火焰），輕輕吸氣上行，呼氣（頭頂出）。

5. 現在繼續用「搜—瀚」，觀想呼吸在頭頂和腳趾之間全身流動，將氣能量分布到全身。

6. 繼續用「搜—瀚」，觀想呼吸在鼻孔流動，保持這樣的覺知，慢慢張開眼睛。

譯註

❶「陵伽」是一個圓柱形的祭祀對象，常用以表徵「希瓦」（śiva）。

調息實作簡介

●潔脈法（交替鼻孔呼吸法）

（譯者按，這是喜馬拉雅傳承基本的潔脈呼吸法，有助於淨化身心，平衡左右脈，在冥想前練習為佳。）

1. 基本方法：由比較通暢的一側鼻孔呼氣開始，再從另一側鼻孔吸氣，如此左右交替。三輪。

2. 變化式：早上由左側鼻孔呼氣開始，再從右側鼻孔吸氣。晚上由右側開始。中午由比較通暢的一側開始。

3. 變化式：由較不通暢的一側鼻孔吸氣開始，再從另一側鼻孔吸氣，同樣左右交替。

4. 變化式：由較通暢的一側鼻孔呼氣、吸氣；另一側鼻孔呼氣、吸氣；較通暢的一側鼻孔呼氣、吸氣；另一側鼻孔呼氣、吸氣；接著，較通暢的一側鼻孔呼氣、吸氣；另一側鼻孔呼氣、吸氣（共三輪）。雙鼻孔呼吸三次。轉為從較不通暢的一側鼻孔呼氣、吸氣；另一側鼻孔呼氣、吸氣；如此轉換，共做三輪。雙鼻孔呼吸三次。由較通暢的一側鼻孔呼氣、吸氣；另一側鼻孔呼氣、吸氣，也做三輪。

5. 加入脈輪的變化：同樣的左右鼻孔交替，但是呼氣時，觀想由根底輪沿著脊柱往上行；吸氣時，觀想沿著脊柱往下行。

6. 同第五點，但是反過來，呼氣是往下行到根底輪，吸氣則往上行。

7. 同第五點和第六點，但是以不同的脈輪為起訖點，可以呼吸去到臍輪、心輪、喉輪、眉間輪。

如此可以有上百種變化。

●蜂鳴調息法

這個調息法的蜂鳴音是由轉變誦念 om 音而來。它有幾種不同變化，例如是先做雄蜂音（呼氣時發音），還是先做雌蜂音（吸氣時發音）；是觀想音聲發自脊柱的根底輪，還是發自其他的脈輪。做這個調息法的重點，是要傾聽內在的振盪音聲。現在只示範其中一種方式，我自己練這個方式超過三十年了。

先放鬆自己，保持對一己的覺知。注意你自己的橫隔膜怎麼動。然後你要選擇，在哪個脈輪、用哪個音調，和你最相應，然後你去傾聽。

這有什麼效用，你該注意什麼？我讓你自己去試驗。像這種進階的練習法門，是要你自己去體驗它的效用感應。如果你感覺不到，就要增加、放大你對自己的敏感度，那麼你就會感覺到。如果你可以加上使用「根鎖」和「舌鎖」會很有幫助。

首先，放鬆。我們現在選擇用根底輪，把注意力帶到脊柱底端，然後呼氣，發出雄蜂的音聲，覺得呼吸似乎沿著脊柱往上行。然後吸氣時發出雌蜂的音聲。向內傾聽振盪。這是一輪，做三輪即可。這可以放鬆及美化心念，對於歌唱者非常有益。然後你可以體會用不同的音調，在不同的脈輪做，不同的節奏。每天三輪。

如果你做舌鎖的話，牙齒輕輕扣合即可。

目前你試著呼氣時往上，吸氣時往下。通常的準則是，我們要放鬆的話，是呼氣時往下，吸氣時往上。靜坐冥想的話，是呼氣往上，吸氣往下。你先依冥想法的呼吸方向做一個星期，下一個星期再依放鬆法的呼吸方向。

光是調息法門，不包括放鬆法門，就已經無止盡了。你一定要親自去試，去體驗才知道。

●烏伽義調息法（勝利調息法）

（譯者按，此法有益於收攝心念，也有說是可以提升熱能。）

做這個調息法，要稍微頷首收束聲門，在吸氣時輕微地發出聲音。然後呼氣時將頸部直立，用左鼻孔呼出。吸氣時是兩個鼻孔同時吸，稍稍頷首抑制聲門，發出一種嘶聲。然後抬頭，開放聲門，頸部正直（觀想也是從根底輪發出），關閉右鼻孔，用左鼻孔呼氣。觀察覺知呼吸，以及它引起的振盪。建議你每天都要做潔脈法，然後做蜂鳴調息法和烏伽義調息法，並觀察自己的感受。

●捲舌啜氣調息法（清涼調息法）

捲舌啜氣調息法和以下的嘶聲調息法，這兩種都是清涼法。對抽菸者很有益處。印度軍隊在沙漠行軍時，士兵會用捲舌啜氣調息法。

作法是將舌頭略為伸出，舌二側捲起成中空管狀，吸氣時用嘴吸入，感覺清涼空氣在舌面流入。有些人會因為遺傳的關係而無法將舌頭捲起。

徐徐吸氣，非常緩慢細微的吸氣。呼氣時由鼻孔呼出。

這個調息法很適合在夏季做。

●嘶聲調息法

這是個清涼降溫的呼吸法。嘶聲調息法做法是，嘴唇張開，用口吸氣，上下牙齒咬合，舌頭抵住門牙，讓空氣只能在犬齒和臼齒間通過而發出嘶聲，口內二側感到清涼。慢慢吸氣，要徐徐穩定地吸入，一口一口地吸入，肺部不可感到有壓力。呼氣時放開牙齒。

●進階練習

這個進階的呼吸法很簡單易行。

首先，做三分鐘的橫膈膜呼吸法，有覺知地做，注意觀察自己。

其次，做十二輪的「二比一呼吸法」。吸氣的長度是一，呼氣的長度是二。例如，你吸氣時可以把自己的咒語數到四遍，呼氣時就是數八遍。咒語的速度要保持一致。或者你也可以用自己脈搏跳動的數目做為基準，用一手按住另一手，數脈搏的次數。如此做十二輪。

要注意自己在做時、做完之後，都不會感到不適，如果感到不適、有壓迫感，就表示你呼吸的長度超過了自己此時的能力範圍。例如，做四比八會感到不適，試著減少到三比六，乃至二比四。過一段時間，當你不再會感到不適，才慢慢增加上去。這是一個練習。

第三，如果你有雄心的話，可以做下一步的交替鼻孔潔脈呼吸法。我們都是由比較通暢的一側開始，例如左邊的話，你用左鼻孔吸氣，右鼻孔呼氣；接著右鼻孔吸氣，左鼻孔呼氣。這是一輪，如此重複做六輪。然後，開始是右鼻孔吸氣，左鼻孔呼氣；左鼻孔吸氣，右鼻孔呼氣。也同樣做六輪。這是給有雄心的人做的。

你怎麼知道自己適合或能夠做任何一種調息法？答案是，**你先要練好橫膈膜呼吸法，然後你練這些呼吸法的途中及練完之後，不會感到不適。**

3

經典古籍中的調息法

《哈達瑜伽燈論》的八種基本調息法

調息法有八種基本的方法，就是因為它們太基本了，反而很少人能做得到。所謂的「基本」，是說它們的理論很容易懂，但是實行起來就不簡單。這裡簡單列出來，不是要你去練，只是為你介紹而已。

1. **Sūrya-bhedin**：意思是「穿透太陽」。練這個呼吸法時會讓人感到似乎突破了「太陽門禁」，那是第十道門，位於頭頂。沒有人在現場指導你的話，不可以去練。方法是由右鼻孔吸氣，然後住氣（屏息），要配合特定咒語，把氣往上推，突破門禁，然後由左鼻孔呼氣。如此重複做。這個也有不同的節奏和變化法。瑜伽士用這個方法，可以於臨終之際，自己做得了主捨身而去。
2. **Ujjāyī**：即烏伽義調息法，參見 224 頁。
3. **Bhramarī**：即蜂鳴調息法，參見 222 頁。
4. **Bhastrā** 及 **Kapālabhāti**：風箱法及頭額明亮調息法。這兩種調息法只有極少數人做得正確，其他人都做錯了。此處就不介紹了。

5. Sītkari：嘶聲調息法，參見 225 頁。

6. Śītali：清涼調息法，參見 224 頁。

7. Mūrcchā：昏厥調息法

8. Plāvinī：漂浮調息法

鄭重提醒大家，做任何調息法都要先放鬆身體，要坐直。你的姿勢不正的話就不要練，否則你會傷到自己。

練調息法的第一前提是體式（āsana），姿勢要正確。

第二是如廁後為之，腸道要乾淨，不可在飽食後有滯重感覺時去練。

第三是洗浴乾淨後為之（至少早上要如此），所以身上的毛孔開放，能夠呼吸。

第四，要知道種種的鎖印法。

第五，放鬆，身體細微的肌肉、呼吸、心念都要放鬆。

第六，要懂得節奏（其後說明）。

第七，知道實踐步驟的先後次序。要是前六個前提沒有做到，第七項的實踐是會帶來傷害。在做調息法的時候，你是在操弄神經系統、呼吸、心臟和其他內臟。你必須先做到前六項，才能依序去練。

我再加一個注意事項，第八，敏感度，要能覺察到自己什麼地方可能做錯，另一方面是要能覺察到它所帶來的功效，起了什麼改變。

還有第九，這是密法，就算說出來了仍然是個密法，那就是「意守」。要知道哪種調息法門該意守何處，或是該要有什麼樣的感覺，這可能是專注於某個特殊的部位、某個特定的咒語或咒字、某個特定的對象物件等等。

關於鎖印，你們都知道基本有四個：根鎖、舌鎖、腹鎖、喉鎖。有些調息法必須要懂後面這兩個鎖印。Uḍḍīyana（腹鎖）的字面意義是「往上飛」，Jālandhara（喉鎖）的字面意義是「網住」。所以這兩個鎖印給我的畫面是鳥想振翅高飛，從胃部往上衝，你用張網蓋著，不讓牠飛走。要做好腹鎖，練成「滾腹法」（nauli）會很有幫助。

關於節奏，如果調息法需要做到住氣（屏息）的話，我所謂的節奏是「吸氣—住氣—呼氣」的長度比例，一般最常用到的比例是：一—四—二。對於初學者，我建議用：一—二—二。例如，你吸氣是四秒，住氣就是十六秒（初學者是八秒），呼氣是八秒。你可以用很多方式來計算時間的長度，用秒計算，用咒語遍數計算，用自己脈搏的跳動次數計算，等等。最好是用咒語，不過如果你的咒語很長的話，就未必適合。

前面提到的「穿透太陽法」就要用到住氣，這有兩種不同的作法。一種是緩緩吸氣，住氣，呼氣，用一—四—二的節奏比例。另一種是真正的作法，由右鼻孔吸氣，住氣，然後由左鼻孔呼氣。當住氣的時候，要感到呼吸穿透身體的每一個部分，往上穿透頭頂，往下穿透腳趾，穿透所有毛孔。如果你已經掌握到四種鎖印，你可以試試，每天做一次，連做七天。如果你感到任何不適，就不要做。

你要知道，調息法中的住氣有兩個地方要注意。第一，在住氣時不能感覺到不適。第二，在住氣之後的呼氣不能是暴衝出來的。住氣後呼氣的長度，應該是吸氣的兩倍，而你們有的人住氣之後呼氣的長度變成吸氣長度的四分之一！要知道自己的調息功夫是否到家，就要看你是否能夠輕鬆地呼氣，毫無不適的感覺，而且是吸氣長度的兩倍。

所謂不適，可能是窒息感、暈眩、想要咳嗽等等。做「穿透太陽法」時的穿透感是穿透全身，心、肺都不能感到不適。有心肺疾病的人絕對不可以做。

至於鎖印，根鎖和舌鎖是要一直保持著的。另外兩種鎖印是，你呼氣時，腹部自然會內縮，當呼盡時，用腹鎖，即胃部要凹進去，同時也要用喉鎖，即下巴收緊。當你呼氣將要呼盡時，同時做腹鎖和喉鎖。然後當你要吸氣時，抬起頭來吸氣，同時鬆開腹鎖。

但是很多人做住氣時，就只做喉鎖，不能做到腹鎖。你要先學會如何能在吸氣的同時做腹鎖，才能在住氣的同時做喉鎖和腹鎖。

《瑜伽經》的四種調息法

等體位法成就了，調息時才能斷除使勁和不受控制的吸氣與呼氣。（第二篇四十九經）

呼吸要深長而細微。（第二篇第五十經）

止息。（第二篇第五十、五十一經）

《瑜伽經》將調息分為四種：

呼氣（recaka）深長而細微；

吸氣（pūraka）深長而細微；

伴隨住氣（sahita-kumbhaka）或稱為參合住氣（miśra-kumbhaka），分出後住、入後住；

自發住氣（sahaja-kumbhaka) 或稱為獨發住氣 (kevala-kumbhaka)。

（譯者按，請讀者參閱《瑜伽經白話講解・行門篇》的相關經文解說。）

我要提醒大家，一般人每天的呼吸次數平均在兩萬一千六百次，都是白白浪費掉了，沒有好好利用。如果你別的什麼都不做，就記住《瑜伽經》告訴我們的，呼吸要「深長而細微」，也就是要**放慢自己的呼吸**。

如今大多數人的問題是，姿勢不良，又坐在設計不正確的椅子上，長期下來導致肺部萎縮。再加上自己的情緒起伏不定，干擾的念頭太多，呼吸就無法深長，冥想就無法進步。這些情緒和雜念的問題，大多可以藉由放慢呼吸而得到改善。

深究專欄　關於冥想的要點總結

（譯者按：此處是斯瓦米韋達某次為師資培訓班的學生，簡單總結關於延長呼吸、持咒、靜默、消化呼吸法、瑜珈睡眠法等基本的修習法，其背景原理則不再重述。）

1 呼吸覺知的延長呼吸法

1. 放鬆肌肉和關節。
2. 如此一來，包住內部器官的肌肉能夠放鬆，讓呼吸變得深長，從而將放鬆的訊息送到腦部，腦部放鬆之後，會送放鬆的訊息到內部器官，使得呼吸變得更為深長，接著，橫隔膜隨之放鬆，有關心肺功能的肌肉也變得放鬆，使得呼吸再變得更深長。

3. 腦部緊張會使得橫隔膜緊張，如此會引起在它之上和之下的器官緊張。

我們呼吸要到臍部，因為它是「氣」的基座。

如果要延長呼吸，你可以數呼吸的長度，方法有三種：

1. 以固定的節奏數數目。
2. 數脈搏的次數。
3. 用同樣的節奏持咒，數持咒的次數。

你要將呼吸維持在同樣的時間長度和節奏。

但在學習如何延長呼吸之前，要先學會將呼吸保持在固定、均勻、穩定的狀態。

用意志願力，使得呼吸之間沒有停頓，例如：決心在四次呼吸中，保持對數息所使用方法的專注。

2 持咒的方法

持咒的方法有以下七種：

1. **誦唱持咒**（pathita japa）：出聲不斷地重複誦唸經文或是某個咒語。

2. **抄寫持咒**（likhita japa）：帶著愛意和高度專注力，重複抄寫某一個咒語或某一段經文。如果是帶著愛意為之，就會是一件藝術作品。對於有心理疾病或是無法專注之人，則是有很好的療效。

3. **口誦持咒**（vācika japa）：在口中持咒，可以出聲為之，或者在唇間為之而不出聲。適合還沒有學會將音聲置入心中之人使用。這是最粗的持咒方式。

4. **默誦持咒**（upāṃśu japa）：比口誦持咒更細緻的持咒法，不是在唇齒間為之，而只是動舌頭為之。再細緻一點的作法是連舌頭的動作都停止了，只剩下聲帶還有一絲微弱的振盪。

5. **意持咒**（manasa japa）：這是更細緻的持咒法，到了咒語完全成為心念。到了這個地步，咒語就不再是音節的形式，而僅僅是心念的波動。

6. 不持而持（ajapa japa）：這是當意持咒的功夫精純到某個地步，就不再需要作意持咒，而可以觀察到它自己在進行。其發生有兩種可能：

(1) 由上師所授予的特別咒語，因上師的加持而自然在心中浮現。

(2) 當持咒成了根深柢固的習慣，它就成為一種持續不斷的記憶。

有一個需要記住的原則是，無論身體上或心中的任何作為，只要我們能持續地去觀照它，它就成了冥想。一個例子是不持而持的「搜—瀚」（so-ham）咒語。這個咒語是自然隨著呼吸而來，是經久不斷的，但是只要我們去觀它，就成了冥想。

7. 脈輪持咒（cakra japa）：持咒可以在脈輪中為之（要依照上師的指示），例如，「namaḥ śivāya」這句咒語有五個音節，在持咒的時候，可以依次將「na」音置於根底輪，「maḥ」音置於生殖輪，「śi」音置於臍輪，「vā」音置於心輪，「ya」音置於喉輪，然後整句咒語置於眉心輪。或者，你也可以依次在每一個脈輪持整句咒語。

如果你的覺知力還不夠精純，無法覺知到「脈」的話，也可以在做這種持咒的時候，配合呼吸為之。有的時候，持咒是要在某一個脈輪內為之，或是配合做某種觀想，又或是配合某種「揚特拉」（yantra）圖形。

注意：觀想時一定要配合習者的個人信仰，例如，天主教徒可以用聖母瑪利亞的形象，印度教徒可以用希瓦，佛教徒可以用佛陀，等等。神明會依照習者各自的信仰、文化背景而現身。

● 深化持咒

初學者必須訓練自己的「知根」（jñānendriya，就是眼、耳、鼻、舌、身）和「作根」（karmendriya，就是口、手、足、大小便器官、生殖器官）。持咒的時候使用念珠，就是在將知根和作根並用，可以幫助訓練深入專注。最終，可以不需要使用念珠。

3 靜默的方法

靜默的方法有以下三種：

1. 心中決意，在未來二分鐘，將念頭集中於咒語和呼吸上，然後開始持咒。二分鐘之後，停止持咒，也放掉呼吸覺知，就只專注於心中靜默的洞穴內，直到心念開始游移。再度做出決意，重複這個步驟。

2. 由咒語進入靜默：感覺呼吸在鼻孔中流動和接觸的情形。在心中持咒，咒語化為心念，而不是在嘴唇、舌上持咒。將舌頭後捲抵住上顎，讓喉部的肌肉和聲帶保持放鬆。不用去理會呼吸，就只需要去覺知咒語在心中有如星光般閃現、閃現、閃現。一段時間之後，讓咒語的閃現停歇下來，此時，靜默成了咒語。一旦心念開始游移，重複這個步驟。

3. 由呼吸進入靜默：感覺呼吸在鼻孔中流動和接觸的情形。在心中持咒，咒語化為心念，而不是在嘴唇、舌上持咒。觀察呼吸、心念、咒語三者混合成為一股單一之流。在呼氣到盡頭時，自然進入心中的靜默。然後繼續觀察呼吸—心念—咒語之流。再度進入靜默。重複這個步驟。

4 消化呼吸法

此呼吸法可於飯後練習。

下面每一個步驟都要保持相同次數的呼吸：

第一步：身體左側躺，專注於右鼻孔呼吸在整個右邊身體流動。

第二步：身體右側躺，專注於左鼻孔呼吸在整個左邊身體流動。

第三步：以攤屍式平躺，注意力集中於心脈輪。專注於心穴內的空，不要持咒。

注意，假如專注於心穴會使得習者變成使用胸式呼吸，就不要專注於心穴，改為將注意力放在呼吸是由鼻孔到肚臍，肚臍到鼻孔。

5 瑜伽睡眠法

（譯者按，此處的瑜伽睡眠法省略了冗長的準備步驟，初學者必須從準備步驟開始練習。）

• 方法一

以下的每個步驟都要保持相同次數的呼吸：

第一步：身體左側躺，專注於右鼻孔呼吸在整個右邊身體流動。

第二步：身體右側躺，專注於左鼻孔呼吸在整個左邊身體流動。

第三步：以攤屍式平躺，覺知兩個鼻孔的呼吸，專注於心穴內的空，不要持咒。習者所專注於心穴內的空間越大，休息就更為深沉。如果心念仍然攀緣於某個對象（例如持咒），「氣」就無法流入心穴，再輸送到身體其他部分。

瑜伽睡眠的祕訣在能留在心穴內，任何念頭不起，連咒語都停了。感覺心穴似乎在呼吸。

• 方法二

以下的瑜伽睡眠法多了一個步驟。

第一步：身體左側躺，專注於右鼻孔呼吸在整個右邊身體流動。

第二步：身體右側躺，專注於左鼻孔呼吸在整個左邊身體流動。

第三步：以攤屍式平躺，覺知兩個鼻孔的呼吸，專注於心穴內的空，不要持咒。

第四步：在嬰兒式中休息，注意力仍然在心穴。

第五步：感覺「氣」沿著脊柱升起，讓這股能量之流將上身抬起，進入金剛跪坐式，注意力繼續保持在心穴。

以上操練時，有幾點應該要注意的是：

1. 在側躺時，當你生起嘆息的感覺，就表示你在那一側已經休息夠了，此時應該轉換姿勢。否則，每一側都用同樣數目的呼吸，來決定轉換的時機。
2. 在心穴中持咒是一種冥想的方式，不是瑜伽睡眠的方式。
3. 每個脈輪都是一個洞穴。在心識的領域中有許多洞穴，運用瑜伽睡眠，你可以進入特定脈輪的洞穴。

4. 此處瑜伽睡眠的方法不同於「自性觀」（ātma-tattva-avalokanam），後者是去觀照整個心識領域，而不是專注於某個特定的洞穴。

《瑜伽經》之「內攝」的補充材料

（譯者按，《瑜伽經》「八肢瑜伽」中的第五「內攝法」（Pratyāhāra）和第四的「調息法」有非常密切的關係，斯瓦米韋達在他寫的《瑜伽經釋論》中有一篇附論詳盡解釋了其中微妙的銜接所在，修練調息法之人對此應該有所認識，因此特別摘要翻譯如下文。）

《瑜伽經》第二篇第五十四經文是這麼定義「內攝」：

諸根之於己境無所涉，似隨同心地之本質，乃內攝。

sva-viṣayāsam-pra-yoge cittasya sva-rūpānukāra ivendriyāṇāṁ pratyāhāraḥ

當各個感官之（indriyāṇām）於自己（sva）境（viṣaya）無所交涉（a-sam-pra-yoge），似乎（iva）隨同（anukāra）心地之（cittasya）本質（sva-rūpa），乃內攝

（pratyāhāraḥ）。

這是八肢瑜伽中的第五肢，位於外四肢和內三肢之間。外肢是屬於身體和呼吸的修練，內肢則全部是在心中的修練。第五肢「內攝」是外肢法和內肢法之間的橋梁，是從身體、呼吸修練過渡到心修練的橋梁。

大多數的文獻在講內攝法時，似乎是將：一、調息法（prāṇāyāma）的最後階段，二、內攝法，三、專注法（dhāraṇa），這三肢混為一個連續的步驟，以至於後兩者成了調息法的一個延續階段。甚至也有反過來，例如希瓦密法及部分哈達瑜伽的論者，將調息法放到內攝之後，這都是由於各個門派對於什麼是內攝的觀念不盡相同的緣故。

總結典籍的記載，「內攝」可以歸納有三種不同的意義：

1. 心靜止了，各個感官隨之呈現靜止之貌。
2. 「消融」（pra-laya），就是數論哲學中各個開展出來的衍生物「回溯」（prati-prasava）到源頭的過程。
3. 是一種呼吸的法門，它可能是調息法的最後階段，成為調息法和專注法這兩肢的連繫所在，經由覺知呼吸，似乎由身體的下肢逐漸移動去到上肢而收攝感官。用同樣的方法，將心念繫於各個不同的所在，因而進入第六肢專注。

我們在《釋論》中解釋這一句經的時候，主要是根據上述的第一種定義。至於第二和第三種定義，則是列在附錄中。

一般對內攝的解讀大半是說「感官靜止，心隨之靜下來」，是個由外而內的過程。而這一句經文的本意，其實是在講一個反轉過來、由內而外的過程，是心藉由調息等等的功夫先靜下來。如此淨化了的心，不再對外界的聲色等感興趣，能捨（vairāgya，無執、捨離），變得傾向於朝內，所以諸感官也隨之捨棄自己外在的對象，不再外馳，變得和心相似。威亞薩在解釋這一句經的時候，用了比喻，蜂群自然會跟著蜂王而移動，所以由內而外是比由外而內更為容易，也不需要做特別的功夫去靜止感官。

《瑜伽經》第二篇第五十五經文說內攝的成果是：

於是，諸根之最勝調伏

tataḥ paramā vaśyatendriyāṇām

（由於內攝法）於是（tataḥ）（成就了）最上乘（paramā）諸感官之（indriyāṇām）調伏（vaśyata）。

這是在講內攝的「果」。威亞薩說，當心地成為寂滅止息（nirodha），感官就隨之寂滅止息（niruddha），這由內而外的功夫是最佳的控制感官之法。他說對於這個控制的境地，有五個層次的主張：

1. 不去黏著聲、光等對象，因為這是失德離善。
2. 雖然接觸、經驗對象，但是以不逾越靈性的禁制為限。
3. 並非被對象所吸引而成為奴隸，而是能做主，在自己的意志控制下去接觸對象。
4. 縱然接觸對象，但能保持中立心態，不起愛戀或厭憎的心態（仍非究竟，如同與毒蛇為伍，仍得提防）。

5. 心地專注於一，感官能完全不接觸對象（是最究竟的調伏感官）。

內攝法的過程，簡要地說就是：心能靜下來，感官就能融入心地寂靜的體驗中，那個境地就是內攝。心地已經寂靜，感官沒有訊息可傳遞給心，心不再接受來自感官的訊息，不再對對象起反應。

在瑜伽和密法的文獻中，有用 pratyāhāra 來稱呼一種用呼吸來內攝感官的特殊法門，這種呼吸法門就不屬於一般所謂的調息法。它是利用呼吸做為一種方便，幫助我們和氣身層內流動的「風」（vāyu）建立連繫。一旦我們能導引這個「風」的流動，它就能開始接觸到意身層，然後那些由它所運載的種種感受和經驗，就會融入到已經靜下來的心中。

（譯者按，斯瓦米韋達《瑜伽經釋論》第二篇附錄五列出了許多古籍中關於「內攝」的種種解讀方式，篇幅甚長。以下僅簡單節選其中幾段翻譯出來。）

內攝的定義除了上述三種之外，在口授的傳承中，內攝有另外一層意義，就是瑜伽士將心識從自己的身體中撤出，以：

- 做「換身法」（para-kāya-praveśa）將生命力轉移到另一個身體。
- 進入「解脫」（mokṣa）。

至於利用呼吸法來做內攝的功夫，各個門派的文獻記載了很多不同的觀想方法，大致可以分為三類：

- 用來做為放鬆法的，基本上是由上而下。
- 用來做為禪定法的，基本上是由下而上。
- 用來做為瑜伽睡眠法的，則有特殊的次序。

下面一段是用來做為引導放鬆法的例子，不過，要對瑜伽的放鬆法有充分認識的人，才適合進行修練。

首先，由大休息式（śavāsana）開始。

平躺在地面，雙腳分開，雙手臂置於身體兩側勿緊貼，手背朝下。用橫隔膜式呼吸法呼吸，觀察肚臍部位的起伏，在吸氣時輕微膨脹，呼氣時輕微收縮。呼吸時不要發出聲響。呼吸要勻，不急促，沒有中斷。保持警覺，但是要處於放鬆狀態。覺知自己全身，由頭至腳，呼吸時好像呼吸由頭流動到腳趾。

呼氣，想著呼氣好像是由腳趾往上身流動。

吸氣，想像吸氣好像是流入你心識的所在（眉心）。

呼氣、吸氣，好像整個身體由頭至腳趾在呼吸。

現在，完全放鬆。

吸氣，好像是由眉心吸入；呼氣，好像是由頭頂呼出。

吸氣，好像是由喉部吸入；呼氣，好像是由頭頂呼出。

吸氣，好像是由心窩吸入；呼氣，好像是由頭頂呼出。

吸氣，好像是由肚臍吸入；呼氣，好像是由頭頂呼出。

吸氣，好像是由會陰吸入；呼氣，好像是由頭頂呼出。

吸氣，好像是由膝蓋吸入；呼氣，好像是由頭頂呼出。

吸氣，好像是由腳踝吸入；呼氣，好像是由頭頂呼出。
吸氣，好像是由腳趾吸入；呼氣，好像是由頭頂呼出。
吸氣，好像是由腳跟吸入；呼氣，好像是由頭頂呼出。
吸氣，好像是由膝蓋吸入；呼氣，好像是由頭頂呼出。
吸氣，好像是由會陰吸入；呼氣，好像是由頭頂呼出。
吸氣，好像是由肚臍吸入；呼氣，好像是由頭頂呼出。
吸氣，好像是由心窩吸入；呼氣，好像是由頭頂呼出。
吸氣，好像是由喉部吸入；呼氣，好像是由頭頂呼出。
吸氣，好像是由眉心吸入；呼氣，好像是由頭頂呼出。
整個身體放鬆，你的脊椎好像沉入地中，每一節脊椎都放鬆了。

這個功法除非先經跟著一位合格勝任的老師學習過一些基礎的理論和練習，是不可能只靠閱讀而了解的。

在古籍中將這個功法過程摘要如下：

保持心識的流動，但是特徵是沒有外界的對象，這才稱為內攝。當心念不再向其他方向游弋，靜止不動，即刻能在瑜伽中做到內攝。

有練過這個功法的人，會感受到一種從一點到另一點的流動，但那並不是空氣。瑜伽所謂的氣身層，基本上就是由這種體驗開始。特別強調，這是利用呼吸想像出來的，心念得以由一點移動到另一點。有時候「氣」（prāṇa）能量會停在某一點，此時在那一點所堵塞的能量會因而打通，然後可以經驗到完整的流動。氣在身體中往上移動時，心念就由下肢回收，這是就「作根」而言，而心念也同樣在「知根」由外向內回收，作根和知根的力就被吸收到已經靜止的心地中。這似乎是對內攝最廣為人所接受的解讀，雖然《瑜伽經》本身對此沒有詳做解說。

在古籍中，調息法和內攝法之間的界線並不明顯，而內攝法和專注法之間的界線也不明確。有些古籍對專注法的定義，也是同樣地要將「氣」保持在某些點上，以及將「氣」從某一點移到另一點。在此處就不引述。

啓引前後的準備和修練重點

——斯瓦米韋達，二〇一三年十一月二十四日至十二月三日，講於印度學院

●接受啟引前的準備事項

◎必讀書籍：

- 斯瓦米拉瑪：《大師在喜馬拉雅山》
- 斯瓦米拉瑪：《王道瑜伽》
- 斯瓦米拉瑪：《冥想》
- 斯瓦米韋達：《夜行的鳥》（特別是關於啟引和咒語的部分）
- 斯瓦米韋達：*Superconscious Meditation*（超覺冥想）

◎學習並熟練：

- 放鬆法（攤屍式）
- 橫隔膜式呼吸法：在鱷魚式、攤屍式、坐姿中學習，更重要的是，要能夠隨時都用橫隔膜式呼吸法。
- 交替鼻孔呼吸法（潔脈法）
- 基本坐姿（盤坐在地面或者坐在椅上）

一般不建議沒做好準備功夫的人接受啟引。如果不得已，要接受啟引之人必須承諾在接受啟引之後，會盡快補做準備的功夫。

接受啟引當日，至少要提早在約定的時間半小時之前到達，等候招呼入內。在等待時應該保持靜默，不可交談走動。

啟引之後，應該立即保持絕對的靜默二十四至三十六個小時，其間要不停地在心中持咒，讓啟引的效力扎根。如果必須在接受啟引之後立即回去上班或從事家務，就必須安排時間盡快在啟引之後從事靜默。

很多人在接受啟引之前，沒有仔細考量為何要接受啟引，往往抱著好奇的心態前來，沒有好好準備自己，所以在結束啟引之後，就沒有能夠保持跟傳承的連結。他們不知道啟引的老師需要做多少準備功夫來給予啟引，也不明白自己所收到的是來自整個傳承的加持，不明白自己此後跟傳承該是一種什麼關係，不能夠發心為傳承服務奉獻，至為可惜！

●奉愛之道

昨天我們欣賞了一段清唱，是 Śrī Mā（一位女性修行者）在對神的詠唱。我注意到很多人聽了為之落淚，那就是「奉愛」（Bhakti）的力量。奉愛是股力量，能把動性和惰性的情緒轉化對神明奉獻的悅性情緒。請你記住這個定義。你昨天所經歷到的，是屬於奉愛的三大支柱之一，是三條實行奉愛之道之一。另外兩條對你們而言會比較困難，但是如果不具備它們的話，詠唱的經驗就只是片面。

此處無法為你們詳細講奉愛之道，你有興趣的話可以閱讀斯瓦米拉瑪的 *Choosing a Path*（《擇道而行》，暫無中譯）其中有解釋奉愛之道。你也可以去找我在一九七〇年講「奉愛瑜伽」的專題系列，當初宣布這個講題時，公告下面的小字寫著：「參加時記得帶上手帕。」

但是，讓我告訴你一個私人的瑜伽祕密，我不輕易分享這些事的。每當我處於像昨天那樣動人情懷的情境時，我不會哭！我的作法是，將感官所經驗到的都轉化成冥想之力，然後進入靜默。我會吸收它，不會把它浪費在眼淚或是歡笑的形式上。等哪一天你懂了什麼是昆達里尼，你才會明白我所說的是什麼意思。你們在我身上所感受到的靜默，都是得自於那種吸收。

●啟引後持續修行

喜馬拉雅瑜伽傳承的冥想體系博大精深，其中包括了許多不同途徑。你不可能在一生中修得完。要記住，你不只是在為這一世的靈修之途做準備，而是要為未來許多世的修行仔細地、有系統地做出計畫。你要明白瑜伽的目的何在，它不是選美比賽！

接受咒語啟引之後，需要開始學習及習練的主題包括了：

・生活方式，這需要閱讀斯瓦米拉瑪的《心的嘉年華會》、斯瓦米韋達《夜行的鳥》（其中的靈修五支柱）。
・人際關係，特別是和家人的關係，孝順自己的父母及長輩，夫妻彼此要相互敬奉。
・持咒（請見後文）
・特殊咒語的修練
・靜默，每週或每月在家中靜默半日、一日；定期去外地或來印度這裡做三日、十日、四十日、九十日的靜默（包括沉思步行的練習）。

・哈達瑜伽：呼吸法和調息法；冥想坐姿；體式法；體內潔淨法。基本上分為兩類，一般的哈達瑜伽，以及為強化冥想所需的哈達瑜伽。

・不同的冥想途徑，但這需要另外開課講述。

・淨化情緒，培養和完善清明而愉悅的心境。

・哲學及瑜伽心理學的基本認識（斯瓦米拉瑪和斯瓦米韋達的講座影片、錄音和書籍）。

・古代哲學及啟發人心的基本典籍，這需要參加我們學院的住校學習課程。

・有一份學習喜馬拉雅瑜伽傳承的書單，有系統地一步一步介紹了該研讀的書籍和文獻，請開始研習（此生讀，來生練！）注意把自己的呼吸放慢下來，所以你此生才能活得長久，才能多學多練。

●呼吸方式

呼吸，這個題目很大，我們學院中定期有呼吸的課程，希望大家都能夠有機會來參加。

很多瑜伽學院一開始就教高深的調息法，卻沒有先教會正確的呼吸法。我只提幾點：

1. 加強橫隔膜式呼吸的訓練，讓它成為平常的呼吸方式，不是只有在打坐時才如此。
2. 五種風箱式呼吸法、額光呼吸法等等。
3. 十六種交替鼻孔呼吸法（潔脈法）
4. 呼吸覺知，我以前講過十四個、二十七個呼吸覺知的練習，你知道幾個？
5. 三分鐘數息法：

基本練習：呼氣數一，吸氣數二，呼氣數三，吸氣數四，呼氣數五，吸氣數五，呼氣數四，吸氣數三，呼氣數二，吸氣數一。如此繼續從一數到五，從五數到一。

變化法：用上述的基本練習方式數息，加上觀察每次由呼氣轉為吸氣、由吸氣轉為呼氣的轉折過程；不要停頓，只是要觀察到那個剎那之間。

6. 把呼吸放慢、變長。例如，你現在每分鐘呼吸十五次，練習在靜坐時把它逐漸減少到每分鐘十次，再減少到五、四、三、二、一次。這是真正深入冥想的祕訣，最終成為《瑜伽經》所謂的「獨發住氣」（或者叫做「自發住氣」）。當獨發住氣自然發生時，左腦和右腦同等均衡、同等靜默，沒有喋喋不休或是情緒的念頭，只是處於均等的靜默狀態。而在那個靜默中，會有「直覺」閃現，這不同於一般人以為的直覺。

記住，把呼吸放慢絕不是靠出力控制肺的活動，絕不！而是要靠：悅性的情緒、神經和肌肉的放鬆、內臟的放鬆、橫隔膜式呼吸。

7. 深入冥想的祕密在於放慢呼吸。還有一個祕密是，真正的冥想是發生在呼氣時，因為此時副交感神經接手，所以冥想的祕密在副交感神經。做到二比一呼吸的祕密，也在能啟動副交感神經。不過，在做二比一呼吸法之前，要先確實熟練一比一均勻呼吸（包括交替鼻孔呼吸法）。

8. 均勻的呼吸，什麼是均勻，我都講過了（譯按，是指吸氣和呼氣的長度均勻，吸氣和呼氣的力度均勻，左右鼻孔中空氣流動長度、力度的均勻，以及呼吸整體均勻地流動）。

9. 呼與吸之間沒有停頓。

10. 做一秒鐘的呼吸停頓觀察。
11. 做二秒鐘、三秒鐘的呼吸停頓觀察等等。

以上還不到我希望你們能學會的一小部分，但是已經可以用上一生的時間去練習，你們要盡可能去練，只有在確實熟練、精通了前一個步驟，才進入下一個。什麼是我所謂的熟練、精通？是要能夠直接進入、到達這個功法的境地，不需要做任何前面的準備步驟；而且能隨心所欲停留在這個境地中。

那種能完全控制了呼吸的人，就可以進入超覺境地。

我重複你們需要牢記的：

- 放慢呼吸能延壽。
- 細微的呼吸能帶你進入更深的冥想境地。
- 真正的冥想是發生在呼氣之時，所以要能熟練呼氣，延長呼氣，最好做到二比一的比例。
- 要特別留意觀察呼氣，比吸氣更要留意。

．能觀察呼吸之間的停頓並做到精通之人，就能：征服時間，因而能征服死亡，能打開獨發住氣之門，因而能進入三摩地。你沒有理由不在此生至少能去到三摩地的邊緣處。你的目標是否明確？還是你只是把冥想當作一種暫時的放鬆？

●要謹記的原則

1. 不能完全熟練放鬆的話，什麼都是空談。
2. 清明愉悅心：經由情緒淨化，讓心處於清明、愉悅的境地，能讓你在二十四個小時中都處於熟練地放鬆狀態。

我只稍微講一下清明愉悅心：

．你要淨化情緒，讓心境愉悅的話，就得力行「非暴」的理念。

．你要將下面兩本書擺在案頭，時時閱讀：

1. 斯瓦米拉瑪的《心的嘉年華會》
2. 斯瓦米韋達的「心靈修行的實踐和應用」（中文翻譯收集在《瑜伽就是心靈

修行》一書中），裡面有許多實用的建議。

●咒語

啟引之後該如何練習持咒？我寫過一個專篇收集在《夜行的鳥》書中。很多朋友在領到咒語之後不知道如何處理，請依照這一篇的說明去做。

有人問，用奉愛的方式去「唱頌」（kīrtana），是否也有持咒的效果。我的建議是，出於至情的奉愛式唱頌，對於情緒不安可以有所舒緩，但是很少能做到前面談到的能量吸收。

只有非常少數的幸運之人才能進入所謂的「情入三摩地」（bhava-samādhi），由強烈的奉愛情懷所導致的三摩地。

還有一種叫做「書寫持咒」（likhita japa），有很多人用這個法門入聖。我去過一所寺院，見到當初創建的大師書寫一句咒語「om namaḥ śivāya」十億遍的文檔，他用愛心寫下的字體美麗而工整，至今還完整保存下來。這在印度並非罕見的例子，例如我們學院中目前就有三十五位住院的同修正在進行十二萬五千遍的「書寫持咒」。但是，我還是寧願你們在心中持咒，這是捷徑。口中誦念咒語無法吸收那個能量，徒然浪費了它。說出來的字語，就失去了它的能量，縱然是閉上嘴，在舌齒間持咒也是浪費了它，只有在心中默念才能保存並吸收它。所以，雖然有些人主張要口誦持咒，我們不這麼做。

所以，我們建議你在領到咒語之後，每次靜坐時分為二個階段：

第一階段：呼吸覺知和持咒同步進行。如果咒語比較長，不容易一口氣默誦全文的話，要學會把咒語的音節分開，用幾口氣去默誦。

第二階段：心中僅有咒語。很多人一直把咒語當作一般的字語，有意識地在心中重複它，這常常會習慣性地動到舌頭，就又變成向外流失的能量。你只需要輕輕地啟動，讓它自己浮現，不用管它是什麼速度和頻率。觀察並覺知它的現前。

下一步，是要讓咒語成為一道波，那麼你就是觸及了咒語浮現的能量源頭所在。只有為數不多的人能經驗到這一步。要時時去到那個所在。練習靜默能幫你吸收咒語的能量。每隔一段時間應該去從事靜默，即使只有半天也行。

再下一步，是在某一個脈輪觀想咒語。有的人會問：「可是老師還沒有指定我要在哪一個脈輪觀想咒語？」這可能是因為你還沒有完成基礎的功夫，或者你不需要走觀想的途徑。可是有的人就會感到不平。「為什麼別人有，我就沒有，老師偏心！」這不是修行人該有的念頭。三十年前我的老師給了我一個修行的功法，至今我還在做同樣的功法，我從來沒有怨老師沒有教我下一步是什麼。你是否能夠對同樣一個功法連續做上三十年，每天至少做十回，外加每天靜坐三小時，而毫不抱怨為什麼沒有教你下一步該練什麼？

所以，你領到咒語之後的下一步是，把教給你的練習方法，鞏固它，深化它，讓它成為自然而然。

對於咒語，我無法細談更多，建議你一定要好好閱讀《夜行的鳥》中的「咒語：啟引後又如何？」，我藏了一些祕密在裡面，要好好消化吸收。

●昆達里尼和脈輪

很多人急於去做脈輪的修練。我曾經問過一些自稱是教人冥想的老師，他們教的是哪一種冥想。他們說是脈輪冥想。他們讀過或者聽過脈輪，覺得能夠教人脈輪冥想似乎帶著某種浪漫的光環。但究竟什麼是脈輪？脈輪和呼吸以及咒語如何連結？你怎麼把它們連起來？你怎麼知道誰適合冥想哪一個脈輪？居然有的人用水晶來判斷！太浪漫了，可惜不會有成。

有時候我的電郵信箱會收到長得像一本書的郵件（好像怕我沒別的事做），告訴我，他已經冥想了四十年！在冥想時身體會顫動，扭曲，旋轉，不由自主地動，他是否已經喚醒了昆達里尼。拜託！如果你真的冥想了四十年，你早就該進入靜止了，不是舞蹈！請去讀我那本名為《昆達里尼》（中譯書名《拙火瑜伽》）的書，以及書末尾列出來的書單。

接受啟引的前後，你都應該去學習一個斯瓦米拉瑪稱為「靈性解剖學」的科目，我用的名稱叫做「人格內的體系」或是「人格的組成」。這些是你走向自己內在旅途的道路地圖，這科目中的主題包括了：

- 對呼吸及神經系統的解剖分析。
- 神經系統與冥想之間關係的基本認識。
- 三身系統：粗身，細身，因身。
- 五身套（五身層）系統，意識的身層。

・昆達里尼與脈輪，我針對這個題目做過一次有系統的講座，其中給了一些暗示，教你如何找到自己該專注的脈輪，以及如何做脈輪的冥想。

就這個科目，你需要研讀學習斯瓦米拉瑪的《王道瑜伽》、《瑜伽和心理治療》（*Yoga and Psychotherapy*），以及我講過的關於「人格組成」（Constituents of Personality）課程的紀錄或錄音。

我們需要有系統地把我過去所做過的上百種冥想導引錄音整理出來，還要把學習和練習它們的先後次序排列出來。這個工作量非常大，有誰能志願來支援這項工程？可是，總是會有人聽了這些錄音，就想要開始一下子同時去練，結果全都亂了。請不要如此。練習太多不同種類的冥想，就像同時有太多的老公或老婆一樣！你就從基本的開始（例如三分鐘數息）。只練個一回、二回是不足的，這是修行。你們來此是學修行，就要老實去修。

●細緻調息法

今天我們要做一些不同的調息法。首先我要問一下，這幾天以來，你的呼吸是否已經相對放慢了？你有沒有去試？原本是每分鐘幾次，現在呢？你們要觀察，最好還要紀錄下來。

很多瑜伽老師教人做「調息法」（prāṇāyāma），卻未必明白這個字的意思。它是由 prāṇa（氣）和 āyāma 合起來的。āyāma 的意思是拉長、延展、擴張、覺知邊際、擴張邊際，沒有了它就不成為調息。還有很多教調息法的老師，自己不先熟練「印」和「鎖」的功夫，不懂這些就做不好住氣法。

請務必要明白，就算你練某一種功法很多年，也未必意味你已經熟練了它。我所謂的熟練的定義，前面講過了。你要記住那個定義。

你也務必要明白，有時候你做某個功法（或者持某個咒語）一段時間之後，老師要你改變，並不表示以前的功夫就可以扔了。你仍然要留著它，因為你以後還可能會為了某種原因需要用到它，它仍然有其效用。例如，一九八三年的時候，上師斯瓦米拉瑪對我說：「你以後不需要再練交替鼻孔呼吸的潔脈法，你已經練夠了。」此後三十年，我都沒有再做過交替呼吸法，但是這個星期我又開始做，因為我需要用到它的某些效力，讓我的身體能撐下去，能繼續教學。

現在我們做今天的練習。記住，你在做任何的練習之前，要先做好下列的準備功夫：

1. 坐正，背脊正直。
2. 將自己的座位獻給上師。
3. 放鬆神經和肌肉。
4. 穩固橫膈膜式呼吸。
5. 然後才開始。

第一，我們檢查自己現在是哪一側鼻孔比較通暢。

第二，開始用比較不通暢的那一側鼻孔呼吸，這是用心念控制，也就是將注意力集中於那個鼻孔上，去感覺呼吸在其中流動。如果無法純粹用意念做到的話，可以用手指壓按住另一側鼻孔。

你能否僅靠意念來檢測自己是哪一側鼻孔比較通暢？如果不行的話，你可以：

- 使用手指壓按右鼻孔，用左鼻孔呼吸；然後壓按左鼻孔，用右鼻孔呼吸。感覺哪一側比較通暢。
- 使用一面鏡子，將鏡面放在鼻孔下呼吸，看鏡面上哪一側的水氣較多（譯按，或者也可以使用手機的螢幕替代鏡子）。你知道為什麼女士們的皮包中都帶著一面小鏡子？因為她們是瑜伽士，會躲進化妝室用鏡子檢查自己的呼吸狀態，然後以改變呼吸狀態來調整心態，因此當她們從化妝室出來後交談就能占上風。男士們，請跟她們學習，在自己的口袋中帶一面鏡子。

·用一條棉花之類的纖維，對著呼吸，看哪一側的力道比較強。

現在開始數息，由一數到五，五數到一，用比較不通暢的那一側鼻孔呼吸，做三分鐘。

第三，換比較通暢的那側鼻孔呼吸，同樣的數息方式，三分鐘。

第四，同樣的數息法，兩側鼻孔同時呼吸，三分鐘。

這是練習非常細緻的交替鼻孔呼吸法的初步功法，三加三加三，一共九分鐘。只有把功夫做得「細緻」，冥想才能進步，而不是去練什麼「高深」的冥想。在我們這裡，「細緻」就是「高深」，不是靠住氣（屏息）多久來決定的。潛水員不是瑜伽士。我以前很喜歡從事潛水，我的潛水教練都很驚訝我的氧氣瓶能維持很長的時間而不會用完，這是因為我的呼吸非常緩慢。潛水員不是瑜伽士，可是瑜伽士可以是潛水員。

我觀察你們剛才在練習的時候，很多人的頸子都沒有擺正。有人在專注於左鼻孔呼吸時，頭就會偏向右邊。而做右鼻孔呼吸時，頭就偏左。有的人把頭向前傾，有的人把頭向後仰。有的人還是在胸式呼吸。有的人在做時會咬緊牙關。這都沒能做到平衡。

你一定要學會橫隔膜式呼吸法。頸子一定要正。這也都是屬於細緻的瑜伽。頸子要正，就要靠：

- 脊椎之基部（尾閭）
- 脊椎
- 雙肩
- 身體放鬆
- 心念放鬆，心念要平。

我們這次課程中所做的呼吸練習法，完全沒有宗教色彩。對於堅定的無神論者，可以教他們用數息法。不要以為無神論者進不了天堂，「無神論者」這個名詞還是有個「神」在其中。而我發現無神論者往往會是很好的冥想者，因為他們沒有成見。

我們經常會舉辦專講呼吸法門的課程，來參加之前請先確實練好：一、頸子要擺正，二、橫隔膜式呼吸法。也要研習斯瓦米拉瑪的《調息》以及我的《哈達瑜伽》。這已經是很多功課了。如果你是位瑜伽老師，現在該知道要把學生帶往哪個方向。

●複習

有些人對於前幾天教的調息法不是十分明白，所以我們先做個複習。

你的左右鼻孔一向都不是同時完全同樣暢通，它們會交替。在瑜伽的圈子裡，這個現象是人所皆知的。相對不暢通的那一側鼻孔中的呼吸叫做「月息」，是從屬。暢通的那一側叫做「日息」，是主。

瑜伽中關於呼吸節奏的學問叫做「息論」（svara śāstra），只有跟著真正的大師學習，經過多年實修後才能學得通，光讀文字是沒有用的。我的老師就能夠從觀察你呼吸的節奏，預知你未來幾個月會有的遭遇，如同星象一般準確，但那是另外一個題目。我們前面所教的，是屬於「息論」的入門功夫。我教過大家用三個方法來檢查你的哪一側鼻孔是月息，是從屬，哪一側是日息，是主。

現在開始做上回所教的細緻調息法，就是九分鐘的呼吸覺知練習。記住，在做調息法之前，有些例行的準備功夫不可省略。而在調息的時候，要留意到每一口氣之間那個轉折的剎那，也就是從呼氣轉換成吸氣，從吸氣轉換成呼氣的那個當下。這個調息法是完全用心念控制左右鼻孔的呼吸，不用到手指去壓按。

你們應該要把自己做調息法時的體會，以及其後所感到的效果記下來，你可以和同修討論心得。我注意到今天大多數人的頸子是正的，少數人還是偏向一側，那就會影響到能量的流動。

幾天下來，有的人已經感覺到自己呼吸的頻率變慢了，也就是每分鐘的呼吸次數變少了，這都要靠紀錄才能夠準確比較。切記，如果你需要費勁才能讓呼吸放慢，那就做錯了，那表示你：一、坐姿不正確，二、身體沒有放鬆，三、心不夠專，四、沒有用橫隔膜式呼吸法，五、有情緒的干擾。把這些改正了，放慢呼吸就不成問題。

時間總是不夠用，我還有好多東西沒有能夠在這次課程中講完。不過，我們已經給了足夠的提示。各位回去要做別人的善知識，幫助別人，改正世人對瑜伽在理論和習練上的錯誤觀念。

關於「人格組成」的理論，基本道理要懂。你是一個完整的宇宙，而神進入你這個小小的身體囊袋中。神裹在你裡面！那個，就在你之中。冥想之人所禱告的對象就是那個。耶穌不也說：「神的國度就在你裡面，你就是神的殿堂。」所謂的層層「身層」（身套），是被收縮了的神力，所以我們小小的意識才能容得下它。我們說神力是全能的力，那個力就叫做「夏克提」（śakti），是「勢」、「能」的意思。神的夏克提有三種：意力（icchā śakti）、智力（jñāna śakti）、作力（kriyā śakti），這些都已經包括在我們對人合十頷首禮敬（namaste）的姿勢中：

- 你的微笑是代表樂身層。
- 你的頷首是代表識身層，你的知識（智力）。
- 你合掌在心窩處是代表意身層，你的意志（意力）。
- 你的作根是代表氣身層，你的行動力、創造力（作力）。（譯註：作根就是五個行動、行為的器官：口、手、足、生殖、大小便。）
- 你的整個身體姿勢是代表肉身層（食物身層）。

這就是合十頷首禮敬，namaste，我向你禮拜，稽首作禮。如果你懂了稽首作禮，你就懂得了臣服、淨化及五個身層的圓滿。所以，這個行禮的姿勢是所有亞洲民族所共通的，也是大多數基督徒祈禱的姿勢。

所以，你在觀念上要記住：

- 神的絕對樂，縮減到我們的規模，就成了有對立的苦或樂，就是樂身層。
- 神的絕對智，縮減到我們的規模，就成了有對立的小智或無明，就是識身層。
- 神的絕對意，縮減到我們的規模，就成了有對立的欲望滿足或挫折，就是意身層。
- 神的絕對作，縮減到我們的規模，就成了有對立的成就或失敗，就是氣身層。
- 種種的生理工具，由食物所形成的，就是食物身層；食物身層不外乎你所吃進去的那些美食。

●結語

呼吸的法門有幾千種之多，沒有人能夠在一輩子中學會、熟練所有的法門。所以我們要有所選擇，然後練習、練習、練習。我教給你們的東西不是來自書本，而是從我自己的練習和經驗中得來。我只教自己經驗過的東西。

練這些呼吸功法的目的在於：

- 等念之流（samāna-pratyaya-pravāha），你要記住這個片語，這是冥想的第一個定義：一個同樣的覺知念頭形成一道均勻無間斷的流體。均勻無間斷的呼吸是個載具，在搭乘載具的就是如此一道均勻的覺知之流（所謂覺知，包括了念頭、數息、咒語、觀想等等）。
- 兩側側鼻孔的均衡，因此大腦分別掌管情感和理智的兩個半球之間，也能同樣地均衡。腦的每一個部分都同步化，才不會彼此爭鬥不休。目前你們的腦中有一場永無休止的戰爭在進行中，兩側鼻孔的呼吸均衡（均勻而同等力道），就是腦中戰事的和平協定。

・學習如何改變主從呼吸（或者說改變日月息），隨意由一側鼻孔換至另一側。例如，此刻你是左鼻孔比較通暢，學會如何轉換讓右鼻孔變得比較通暢以符合你的目的（譬如讓右鼻孔通暢來幫助食物的消化）。

・學會中脈呼吸（鼻梁），這是由鼻端（nāsāgra，上唇人中頂端二鼻孔之間之處）到眉間輪之間的呼吸方式，觀想呼吸在鼻梁中流動，一般瑜伽老師都不教這個呼吸法。而它正是要做到呼吸均衡的關鍵所在。

・學會中脈呼吸（脊柱），觀想呼吸在脊柱中流動，這是昆達里尼瑜伽的第一步練習。外面有各種各樣所謂昆達里尼的功法。你需要依據喜馬拉雅瑜伽傳承有系統地去練。

・當中脈呼吸法做得熟練了，對於脈輪有了認識，那時候我們才帶修行者去到頭頂的千瓣脈輪，然後更進一步出頂，上到那個稱為「十二末端」（dvādaśānta）的位置。

・當你能熟練地去到頭頂的那一個「點」（bindu），就已經熟練了「上行氣」（udāna prāṇa）。上行氣就能在臨終時引領「往生身」（ātivāhika śarīra）由頭頂之點離去。往生身也就是細微身，它是個載具，帶著我們的業力和心印習氣去到下一世。能夠控制這個過程之人，才是瑜伽士。

以上就是我們練呼吸功法的目的。各位不要來此學習兩個星期後，回去就炫耀自己知道某些功法，甚至號稱是大師，是喜馬拉雅瑜伽的傳人。還有那些我稱之為「昆達里尼迪斯可」的，是號稱已經喚醒了昆達里尼，會情不自禁地舞動起來的人。我對這些現象真是無話可說。所謂喚醒昆達里尼，是進入絕對的靜止。

這次無法跟大家真正去談昆達里尼，還是要建議你去讀我那本《拙火瑜伽》，以及書中書單所列出的書。我可以告訴你，那才是真正的昆達里尼。我還能夠用到自己這個殘破不堪的身體，還能夠坐在你們面前講課，都是拜昆達里尼之賜，是它在撐著我，不是在用身體撐著，我的身體早就撐不住了。

究竟什麼是昆達里尼？它又叫做「心夏克提」（citi-śakti），是靈性之我「阿特曼」（ātman）的覺性和生命能量。你可以把它想像成家裡牆壁中一條高伏特的電線，從脊柱的底部通向頭頂。在那條高伏特電線上連結著許多插座，每個插座上都插著不同的電器，電扇、暖爐、冰箱、電腦等等。不同的東西插在不同的插座上。高伏特的電線會根據每個電器不同的要求來提供電力。那些插座就是脈輪，所接上的電器就是你所有的心理、神經、肌肉系統。知道這些插座開關的人，就能自如使用各個電器。否則，你就得費力地靠手動去轉動電扇！所以最好還是接上插座，打開開關，把你的心理、神經、肌肉系統都接上昆達里尼的高伏特電線。

這次講到這裡就夠了。要加緊去練呼吸的功法，終有一天你會登上頭頂之點的珠峰。

祝大家回程順利平安。願神祝福你。

om～

BA1046

印度瑜伽實修精要
精通冥想與調息的關鍵

作　　者｜斯瓦米韋達・帕若堤（Swami Veda Bharati）
譯　　者｜石　宏
責任編輯｜于芝峰
特約編輯｜洪禎璐
內頁排版｜劉好音
封面設計｜小　草

發 行 人｜蘇拾平
總 編 輯｜于芝峰
副總編輯｜田哲榮
業務發行｜王綬晨、邱紹溢、劉文雅
行銷企劃｜陳詩婷

出　　版｜橡實文化 ACORN Publishing
新北市 231030 新店區北新路三段 207-3 號 5 樓
電話：（02）8913-1005　傳真：（02）8913-1056
網址：www.acornbooks.com.tw
E-mail 信箱：acorn@andbooks.com.tw

發　　行｜大雁出版基地
新北市 231030 新店區北新路三段 207-3 號 5 樓
電話：（02）8913-1005　傳真：（02）8913-1056
讀者服務信箱：andbooks@andbooks.com.tw
劃撥帳號：19983379 戶名：大雁文化事業股份有限公司

印　　刷｜中原造像股份有限公司
初版一刷｜ 2024 年 1 月
定　　價｜ 450 元
I S B N ｜ 978-626-7313-75-6

國家圖書館出版品預行編目（CIP）資料

印度瑜伽實修精要：精通冥想與調息的關鍵／斯瓦米韋達・帕若堤（Swami Veda Bharati）作；石宏譯. －初版. －新北市：橡實文化出版：大雁出版基地發行，2024.01
288 面；17×22 公分
ISBN 978-626-7313-75-6（平裝）

1.CST：瑜伽　2.CST：靜坐
3.CST：靈修　4.CST：印度哲學

137.84　　112019705